销售如何说，客户不会烦 销售怎么聊，客户才会买

胡禹成／著

中华工商联合出版社

图书在版编目（CIP）数据

销售如何说，客户不会烦 销售怎么聊，客户才会买 / 胡禹成著 . —北京 : 中华工商联合出版社 , 2021.9

ISBN 978-7-5158-3171-8

Ⅰ. ①销… Ⅱ. ①胡… Ⅲ. ①销售学 Ⅳ. ①F713.3

中国版本图书馆CIP数据核字（2021）第202797号

销售如何说，客户不会烦 销售怎么聊，客户才会买

作　　者：胡禹成
出 品 人：李　梁
责任编辑：傅德华　楼燕青
装帧设计：鸿蒙诚品
责任审读：郭敬梅
责任印制：迈致红
出版发行：中华工商联合出版社有限责任公司
印　　刷：三河市华晨印务有限公司
版　　次：2021 年 11 月第 1 版
印　　次：2021 年 11 月第 1 次印刷
开　　本：787mm × 1092mm　1/16
字　　数：197 千字
印　　张：13
书　　号：ISBN 978-7-5158-3171-8
定　　价：59.80 元

服务热线：010-58301130-0（前台）
销售热线：010-58301132（发行部）
010-58302977（网络部）
010-58302837（馆配部）
010-58302813（团购部）
邮址邮编：北京市西城区西环广场 A 座
19-20 层，100044
Http : //www.chgslcbs.cn
投稿热线：010-58302907（总编室）
投稿邮编：1621239583@qq.com

序一

想做好销售，先学会聊天

由威尔·史密斯主演的电影《当幸福来敲门》中，讲述了一位入不敷出的医疗设备推销员在事业低谷、妻子离开后独自带着儿子打拼，最后成为华尔街知名的金融投资家的燃情故事。很多观众习惯性地将这部电影与《阿甘正传》《幸福终点站》《风雨哈佛路》等影片一样定义为一部励志电影，虽然这部影片很契合励志的主题，可相较于美国梦般的心灵鸡汤，这部电影中更耐人寻味的则是主人公展现出的推销智慧和经营之道。

在美国销售业流行着一个说法，“一流的销售是混业绩，二流的销售是混日子，三流的销售是混饭吃。”而《当幸福来敲门》里的威尔·史密斯则向世人展现出一个“超一流”的销售该有的样子，他既不混业绩，又不混日子，也不混饭吃。如果非要说他“混”点什么的话，恐怕就只剩下“混人脉”了。在威尔·史密斯与销售主管聊天时，主管告诉他所谓的销售只是一个陪客户聊天的过程，在面对面的沟通中其实是一个展现自己的好机会，如果能在谈话中得知对方的需求或者说知道自己能为对方解决些什么问题，那么即使暂时没有签单，也是非常有意义的。

影片当中独特的销售理念与美国著名销售大师尼尔·雷克汉姆的思想不谋而合。许多年前，尼尔·雷克汉姆曾接受 IBM 的委托，考察 IBM 在中国的销售情况，通过对发生在中国的数千个销售实例的研究分析，尼尔·雷克汉姆发现："真正的销售是一个聊天过程，做好销售的前提就是必须会聊天"。

尼尔·雷克汉姆一语道破天机的智慧不仅被 IBM 所采纳，也在后来被越来越多的销售员奉为真理，并且在此后的销售生涯中，这些尼尔·雷克汉姆的虔诚"信徒"们逐渐学习聊天技巧，并慢慢掌握与客户之间聊天的话题主动权，同时对于客户提出的关于商品的问题也尽可能做出详细的回答。当做到这些之后，他们惊讶地发现自己的工作果然发生了翻天覆地的变化，原本业绩糟糕，而现在订单纷飞而至，这让他们对于如何做好销售工作有了一个全新的认识。

如今，"想做好销售，就要把天聊好"已经成为绝大多数销售从业人员的共识。可俗话说得好："说起来容易做起来难。"就像演员王珞丹在电影《乘风破浪》中所说的那般："听过很多道理，依然过不好这一生。"相信不少销售员都经历过这样一种状况，那就是在电话中好不容易约到客户见面，可当客户出现在自己面前时，却又不知道该如何开口，导致整个会面的气氛异常沉闷，最终自己只好找个理由草草离场。

其实，没有谁是天生强大的，那些受人尊敬的销售大师最开始也经历过"从零开始"的磨砺与淬炼。例如美国汽车销售大王乔·吉拉德，他进入销售行业时已经 35 岁了，而他最初选择做销售的理由仅仅是为了养活自己的妻子和两个嗷嗷待哺的孩子。在他 35 岁那年，原本前景大好的事业因为一个卷钱跑路的合伙人付之一炬。被骗的乔·吉拉德自己承担了一切后果，房产被法院没收，汽车也被抵押拍卖，同时还负债 6 万美元，一家四口在一夜之间成了露宿街头的流浪者。

为了养家糊口、偿还债务，从小便患有口吃的乔·吉拉德只能厚着脸皮祈求一家汽车店的老板给自己一份工作，老板看着这位表现出严重口吃的落魄男子抱歉地笑了笑，刚想拒绝，却听到乔·吉拉德斩钉截铁地说：“先生，请你给我一个机会，我保证两个月内成为店里销售额最高的人”。

对乔·吉拉德的“大话”，老板尽管抱有怀疑的态度，但终究还是给了他这样一个机会。或许是幸运女神对于乔·吉拉德的遭遇产生了怜悯，因而在他从事销售业后，他的事业发展得很快。严重的口吃使得乔·吉拉德在与客户的沟通交流中不得不放慢语速，这反而无形中成了他独特的优势，因为与那些滔滔不绝的销售员相比，乔·吉拉德更愿意聆听客户的问题和需求，从而使得与他交流的客户都能感到舒心和愉快，甚至于后来很多人来到这家汽车店时，指名要求只接受乔·吉拉德的服务。

陪客户聊天，让彼此成为朋友，是乔·吉拉德获得成功的主要原因。在接待每位客户时，他都是通过聊天让客户喜欢上自己所推销的这个品牌，而非着急将汽车推销给对方。乔·吉拉德明白，只有当客户真正对自己的话以及产品产生兴趣时，才是自己推动交易的最好时机。而在此之前，乔·吉拉德只会与对方聊聊八卦、谈谈天气，宛如多年未见的老友叙旧那样聊天说话，除非客户询问汽车的情况和信息，否则乔·吉拉德很少主动和对方挑起汽车的话题。

真正的销售其实就是一个愉快的聊天过程，在这个过程中，销售员对于产品的介绍往往只是寥寥几句，并不会让对方感受到销售的氛围。销售并没有想象中的那样困难，只要销售员能够转变以往僵硬的销售思路，让每一次与客户的聊天都变得更有意义，相信在不久的将来，幸运女神也会对我们露出灿烂的微笑。

序二

你聊天的方式，决定了客户签单的概率

2017 年，被誉为“史上最牛的推销员”的雷义通过社交平台宣布自己退休的消息引来了许多人的围观。面对这则消息，雷义所在公司的老对手波音公司高管终于松了一口气，同时跟帖自嘲道：“亲爱的雷义，对于您的退休，我们感到十分惊讶。不得不说，我们公司上下员工都很爱您，因为有您在，波音公司亏损时就能把您当作借口（抢走生意）了。”

一个连波音公司都要忌惮三分的雷义，足见他在销售方面所具备的天赋与能力。退休之后的雷义将更多的时间用于社交，他每天至少会抽出 20 分钟时间用于网络互动。在网上，总有刚入行的销售员在雷义的主页下方留言询问如何与客户打交道，并希望雷义能指点一二。

对于这样的询问，雷义的回答总是围绕着“聊天”来展开的。“除了正事，什么都可以聊。”这句话被雷义使用的次数最多，同时他还会大方地跟对方分享自己的经历，例如有一次雷义就在回复中跟对方说起这样一个故事。

有一年，我向美国西北航空公司推销A320型客机，我对这次推销做了充足的准备，我认为这款耗油少、机舱容量大的机型很适合西北航空，但当我非常详细地向对方介绍这款商品后，却发现对方并不是很感兴趣。

面对西北航空公司的谈判负责人、副总裁奥斯汀，我陷入了沉思。正当对方频频看表显得有些不耐烦的时候，我突然想起奥斯汀以前曾是飞行员出身，有过20多年的飞行经历。而我们空中客车公司今年刚对A320型号飞机的驾驶舱进行了一次调整，不仅操作更方便，而且飞行员的驾驶空间也比之前的大不少。

想到这里，我决定以这个因素作为此次谈判的切入点。于是，我先和奥斯汀交流了一下自己以前也曾当过飞行员的经历，那些难熬的夜班飞行、狭窄的驾驶舱、烦人的噪音，即便时隔多年回想起来也让人觉得十分难受。在得到对方的认同后，我就说起自家的A320型客机，操作性和舒适性连飞行员都赞不绝口。最后，说到兴起时，我停了下来，足足盯着奥斯汀看了十几秒钟，才一字一顿地说："一款好的飞机，省油，老板满意；机舱宽敞，乘客满意；操作方便，飞行员满意。既然让大家都满意，还有什么理由不买呢？"就这样，在离开西北航空公司的会议室时，我的手里多了一份购买28架A320型客机——价值超过25亿美元的大合同！

不可否认，雷义在销售领域是极为成功的，销售史上能与他比肩的人少之又少。很多销售人员对雷义有着一种狂热的崇拜：他们关注雷义的脸书，购买雷义喜爱的书单和音乐，不惜刷爆信用卡在轻奢服装品店买下雷义出席谈判时经常所穿的西装……然而，一个人的成功或许有其借鉴意义，但单纯模仿并不能将其超越。

对于如何做好销售，每个人都有自己的方法和理解。产品的参数，每个销售都铭记于心，但产品以外的说辞，却并不是每个人都能做得很好。很多时候，这也成了资深的或是有天分的销售员的“不传之秘”，成了销售新手渴望得到的“武功秘籍”。

可正如金庸先生笔下所写——江湖那么大，能够脱颖而出取得秘籍的不过寥寥几人。于是乎，绝大多数的销售人员只能眼睁睁地看着身边的精英销售迅速跟客户建立信任，并积极地向付款环节推进。其实，销售并不难，最直接有效的方法只有两个字——沟通，再通俗一点就是指如何跟客户聊天，建立一种只存在于你们之间的牢固关系。想要学会聊天，我们不妨从以下两点出发。

明晰沟通的目的

事实上，在与客户的销售沟通过程中，我们最需要明确的，从来都不是客户说了什么，而是客户为什么要和你说这些以及客户为什么要这样说。举个简单的例子：一个人走进一家服装店询问店员是否有牛仔裤，难道那个人只是闲着没事，找人聊天打发时间吗？显然不是！很大程度上客户询问的目的是想了解这家服装店牛仔款式的裤子有多少种，价格是多少，又或者有没有可以搭配牛仔裤的上衣。然后，他再通过店员给出的反馈信息来判断，是否应该在这家店继续看下去。

可如果店员与客户的聊天方式是这样的：

客户：“有牛仔裤吗？”

店员：“有。”

客户：“是今年的新款吗？”

店员：“是的。”

客户：“怎么卖的啊？”

店员：“今年的流行款略贵，200 元一条。”

客户：“除了新款，还有什么别的款式没有？”

店员：“有的。”

这样一番沟通过后，原本想要看看牛仔裤的客户或许心里已经产生了厌烦。故而，我们想要提高和客户沟通的效率，就应该在一开始聊天的时候，就把客户想要的信息都告诉他。这种沟通方式不仅可以一次性解决客户的多层需求，也会令客户对你的沟通满意度直线上升。

区分沟通的对象

除去换位思考，揣测对方的沟通意图以外，我们还必须学会在面对不同的聊天对象时，采取不同的聊天方式。也就是说，将我们与对方拉到同一个“频道”上，否则大概率会出现“鸡同鸭讲”的情况，使得双方的聊天效率大打折扣。

譬如，面对中年客户想购买某款电子游戏的文化衫时，我们首先要代入对方的角色，去思考对方究竟是这款游戏的忠实粉丝，还是仅仅被文化衫上的图案所吸引，又或者是看中了文化衫的做工用料，这些都是需要我们思考和通过聊天去考证的问题。只有当我们明确了对方的想法，我们才能有选择地去进行沟通，从而使销售过程达到事半功倍的效果。

美国营销学大师杰罗姆·麦卡锡曾提出一条著名的理论：“销售员必须知道该说什么，并且清楚什么时候说和对谁说以及如何说。”销售是一个具有乐趣并且充满挑战的职业，想要在这条路上走得更远，我们则必须时刻重视与客户的聊天方式，只有良好的沟通氛围才能让客户感到满意，让我们拿到订单。

本书语言通俗易懂，方法实用有效，是一本随时可以参阅的销售培训手册。本书旨在通过对翔实案例的分析和沟通方法的阐述，指导销售员快速掌握客户心理和聊天技巧，说服客户，获取订单，提升业绩。本书所写的种种聊天招数，几乎涵盖了整个销售的全过程——

在面见客户上，教会你在约见客户时，应该以一种什么样的姿态、什么样的聊天方式与客户愉快相处；

在建立信任上，让你清楚如何在聊天中轻松获得客户的共鸣，取得客户的信任，赢得客户的青睐；

在挖掘痛点上，教会你在销售时应多换位思考，很多时候，客户并不关心你的商品价格，他们更在意的是购买商品后能否为自己解决迫在眉睫的问题，作为销售人员的你只有了解了客户的痛点，才能在沟通中安抚他的痛点，满足他的痛点；

在呈现价值上，让你明白并不是你认为性价比高的商品就有市场，而是你要在沟通中以更新奇的角度和理念激起客户的购买欲望，只有得到客户的认可，你的商品才能有销路；

在解除疑虑上，销售人员应该明确的是，在你解答客户疑惑的同时也要向对方进行适当的提问，有时，提问不仅能让你在交易中表现得更主动，通过运用多种提问的方式，也能使你快速地理清客户内心的顾虑，找到问题，对症下药；

在心理攻势上，教会你如何巧用心理学中的知识，通过对客户行为的解读去撬开客户紧锁的心扉；

在售后服务上，让你清楚，怎样通过售后服务来获取忠实的客户，来获得老客户“二次成交”的机会，你要知道，维护一个老客户的成本绝对比开发十名新客户所需的成本低很多。

本书所采用的案例大多是国内销售行业里的真实事件。作者精练的语言与建议能够使销售从业人员一看即懂、一用就灵，切实解决销售中不会聊天、不知道该怎样开口的问题。无论你是身经百战的销售老手，还是刚刚入行的实习新人，通过阅读本书，对你的事业都会有所帮助。本书是广大销售人员学会聊天、提高业绩的好帮手。

目录

第2章

第3章

第4章

第5章

第6章

第7章

第8章

第9章

第10章

第11章

第12章

第1章 订单，最容易在愉快的聊天过程中产生

在很多人看来，做销售，搞定客户是一份难度挺大的工作，其实未必。真正的金牌销售员，在推销自己的产品时并不需要运用多么高明的策略和手段，他们只是擅于把销售过程转化为与客户的一次愉快聊天——聊对方的心愿、困惑和担忧，同时还聊如何完成对方的心愿、如何解决对方的困惑、如何消除对方的担忧。简单来说，就是让客户在愉快的聊天中与自己成为朋友，最终帮客户解决问题，从而促成交易。

会跟客户聊天，你的业绩就能上天

在各大网络论坛上，经常能见到“销售吐槽贴”，很多从事销售的网友抱怨销售这行难做，要么约不到客户；要么约到客户见面了，聊了几句后就不知道聊什么了，以致双方的这次交流多数时间都在“尬聊”。与客户“尬聊”是销售业的大忌，这会给客户留下不专业、不靠谱的印象。跟客户聊天，是门学问，只有懂得聊天的销售才能走进客户的内心，取得客户的信任，从而达到销售的目的。

做销售工作是一个和客户互动的过程，绝大多数情况下客户都不可能做到一语不发，单纯听你一个人滔滔不绝地介绍产品。实际上，在与客户交流的过程中，很多销售都遭遇过冷场的状况。作为销售，你有没有思考过，为什么会说着说着就没话说了呢？实际上很多时候，出现这种现象的原因不在于客户，而是在于销售自身。

“这双鞋多少钱？”

“268 元。”

“是今年的新款吗？”

“是的。”

“感觉这个颜色不太适合我，这个款还有别的颜色吗？”

“没有，这款只有一种颜色。”

在日常销售中，如果你总是以这样的方式来与客户交流，很显然，不出十句话大概率是要冷场的。大多数冷场的情况就是因为双方都没有掌握话语的主动权，谁都不愿意引出话题。面对不善言辞的客户，销售要学会引导客户的思维，争取到说话的主动权，而不是客户问一句你答一句；当遇到比较强势的客户时则不要和他们抢话题，应该顺着他们话题接话，这样做能够最大程度保持交流环境的畅通，这也是促销成交的主要前提。正如那句“一千个读者心中有一千个哈姆雷特”的经典评论一般，每个客户都有不同的兴趣和谈吐，作为销售，你要读懂客户的内心，就算无法做到如生死之交那般莫逆于心，至少也要让客户感受到相见恨晚、相交甚欢。

实际上，很多业绩非常出色的销售在与客户聊天的时候都能做到不留痕迹地代入感情，跟随客户的节奏去讲话，如果客户心情不错，销售会逐渐在交流中加快自己的语速，以营造出一个欢快、轻松的聊天氛围；反之，如果明显感受到客户心情不佳，他们则会给予一些安慰的话语来抚慰客户的心灵，让客户感受到他们的关心。

如果无法从客户的举止上看出对方的情绪，那么销售可以主动询问客户最近的状态，这样不仅可以拉近和客户之间的关系，还能通过客户的只言片语寻找到共同的话题，例如养生、体育、时事八卦等。其实销售并没有想象中的那么难，很多销售人员的推销就是从拉家常开始的，先关心关心客户的状态，然后在合适的时机插入自己的产品和意图,就算当时产品没卖出去,也能起到有效的宣传作用。

在销售业有一句经典名言:“交流才能交心，交心才能交易。”一流的销售高手必定也是顶尖的聊天高手，他们在与客户的交流中很快就能通过客户给出的信息找到一个让对方愿意聊下去并且聊得开心的话题。很多人甚至是专业销售员自身对于销售都存在一定的误解，这些人会认为“销售会锻炼社交能力”。但其实这句话只说对了一半，正确的表达应该是“销售做得好，才锻炼社交能力”。做销售，订单数量和社交能力是成正比的，只有会聊天，才能收到更多订单。

聊就是刺激，不断放大客户的购买欲望

一名优秀的销售真正要做的就是了解客户的需求，勾起客户的购买欲望。例如有位客户平时喜欢自拍，想要入手一款像素高的手机，那么销售完全可以抓住这一点刺激客户的购买欲望，那么客户就不会再关注那些手机像素略差但是整体配置较好的手机型号了。作为销售，仅仅刺激客户的购买欲望是不够的，还需要在客户愿意听你说话的时候趁热打铁继续放大他的欲望。无论客户是对商品功能、售后服务哪个方面有担忧，一定要及时向客户传达出这些都能够妥善解决的思想。

时下，在移动互联网发展迅速的时代，每个人都无时无刻不接收着来自外界庞杂的信息，长期被信息包围让人们的耐心逐渐变差，注意力分散，很多时候当人们想要购买某件商品时，往往会陷入一种艰难的选择当中。而销售要做的，就是通过语言勾起客户的兴趣，帮助客户脱离痛苦的选择。那么，如何快速激发顾客的购买欲呢？一位李小龙的粉丝通过他的经历给当时的美国销售界上了一课。

20 世纪 70 年代，李小龙凭借《唐山大兄》和《精武门》等多部电影一跃成为全世界炙手可热的功夫巨星，他的粉丝遍布世界各地。许多外国民众受到李小龙的影响开始学习中国武术；而另外一些商人也从风靡的功夫潮流中敏锐地嗅到了商机，阿鲁就是这些商人中的一员。阿鲁是个商人，同时也是李小龙的狂热粉

丝，通过李小龙的影视作品，阿鲁深深地爱上了中国功夫和双节棍。在越来越多人关注李小龙时，阿鲁花了一大笔积蓄在洛杉矶的闹市区租了一家店铺，开始做起体育器材的生意，销售商品包括练功服、双节棍、拳击手套、梨球等用品。

然而，让阿鲁感到失望的是，开业伊始，生意并没有想象中那样火爆，甚至用“惨淡”来形容也不为过。虽然他的店铺每天都有不少人光顾，但是愿意掏钱购买体育器材的人并不多。阿鲁面对店铺的高额租金，不禁开始焦虑，最后思来想去，他终于想到一个突破困境的好办法。

几天后，阿鲁联系到当地警局，声称自己愿意帮助他们抓捕正被通缉的犯人，并从警局要来一些重罪通缉犯的照片，将这些照片放大后，贴在了店铺的橱窗上，同时照片下方还附上了文字说明。

照片被贴出的当天，就立即吸引了许多行人驻足观看。人们在看过逃犯的照片和所犯罪刑的简介后，纷纷产生出一种恐惧的心理。这时，阿鲁适时地出现在人们面前，给人们讲述受害者的故事，同时叹气道，如果那些人有保护自己的能力，相信这些惨案就不会发生了。在阿鲁的刺激下，即便是原本对格斗类器械不感兴趣的人此时也有些犹豫，前思后想还是觉得应该买一些回家练习。

通过张贴罪犯照片的方式，阿鲁的生意当即有了很大的改观，那些之前仅仅抱着凑热闹心态看看商品的人也纷纷掏钱购买。就这样，阿鲁的营业额一路攀升。不到两个礼拜，他店铺里的商品就被销售一空。这让他不得不临时雇用两名员工去生产厂家进货。

通过外部的刺激和诱导来向客户传递产品的价值信息，从而挖掘客户的潜在购买欲望，这就是阿鲁成功的真正原因。原本客户可能没有需求，他们只是对李小龙感兴趣所以才愿意进店转转，但是当阿鲁把通缉犯的照片通过门店橱窗展示出来的时候，他们开始担心自己的人身安全，于是主动购买器材防身。有时客户就是这样，他们并不真正清楚自己是否需要某款产品，直到感受到产品对自己真正有用的时候才会去购买。阿鲁正是很好地利用到了这一点，他通过展示通缉犯的相片勾起客户保护自身人身财产安全的欲望，同时不断用言语刺激客户，进而放大他们的购买欲。

阿鲁的营销案例给后来的美国销售业带来了巨大启发，一些销售精英通过阿鲁的事例分析总结后得出一个结论："用行动和语言刺激、诱导客户，这种主动营销策略相较被动营销更具'侵略性'，也更能创造出销售业绩。"刺激客户，理由不重要，重要的是让客户能够在听后第一时间联想到自己是否需要这个商品，很多客户就是在思考中被销售员说服的。

与客户聊天，让对方感到舒服很重要

美国杰出的推销员、"世界百万圆桌协会"成员齐格·齐格勒在他的从业生涯中因业务关系而结识的朋友超过数千人，并且他退休后还与其中的一部分人保持着联系。有人问他是如何与客户相处的。齐格勒给出的回答是："与潜在客户接触时，当他们同意我进入屋子时，我会竭尽所能让他们感觉到舒服，而不是让他们感觉到压力，我和他们聊得最多的是海明威、洋基以及好莱坞，而不是我手提包里那一叠厚厚的产品资料。我发现和他们聊乡村音乐、聊传统文化会让他们更快接受我、喜欢我。这个原则年复一年地跟随着我，成为我开展销售业务的基石。你先别管任何其他的技巧，也不要去尝试它们。你只要想办法让客户觉得和你在一起很舒服，并且足够信任你，让他们觉得你是来为他们提供服务的，而不是来卖东西的就行了。"

有些人并不认同齐格勒的这个观点。他们认为，"无论从事什么工作，做好自己就好了，总是考虑别人舒不舒服，是不是显得太掉价了。”可事实是，他们这么想完全是自寻烦恼，现实中越是出色的销售，在为人处世方面越令客户如沐春风，令客户觉得备受尊重。

齐格勒的邻居在一篇心情随笔里描写了一段齐格勒待人接物方面的故事：退休后的齐格勒精力依旧无比旺盛，虽然他不再主动向人推销什么，但他还是与之前的客户一直保持着密切的联系。几乎每个月的最后一个周末，他都会邀请一些从前的老客户到他家里做客，有时吃营养沙拉素餐，有时吃烧烤，但唯一不变的，是齐格勒总是把前来做客的宾客当作主角，尽量通过语言或者肢体动作逗客人开心，让客人开怀大笑。在邻居看来，齐格勒是个风趣幽默的人，并且很懂礼数，能和他成为朋友是件无比幸运的事情。

即使是退休后，齐格勒依然将他人的感受放在第一位，尽心尽力地把每位朋友照顾舒服。这也是他从业多年逐渐形成的价值观——时刻把别人的快乐放在心上。

对于销售而言，周到细致的待人处事，无论在任何情况下都是客户心中的一个加分项。

对此，情商之父丹尼尔·戈尔曼就曾说：“一个人的成功，IQ（智商）的作用只占 20%，其余 80% 是 EQ（情商）的因素，也就是如何做人。”

如何在聊天的时候让客户感到舒服呢？齐格勒在梳理自己一生的销售生涯后总结出以下几点。

保持微笑

在齐格勒看来，微笑是上帝赋予人们最神奇、最具有魔力的表情，微笑不仅能让自己轻松，还能感染他人。在见客户时保持微笑，不仅仅能够调节自己的状态，同时还能引起客户的好感。而且，有时候，微笑还能够让双方之间产生一种微妙的联系，让客户感受到自己得到了尊重，从而促成消费。当然，微笑也要把握时机，要对自己的情绪要有收放自如的能力。

言谈举止有涵养

齐格勒认为，一个言谈举止处处透露出涵养的人，无论处于什么环境，都能得到别人的尊重。当销售人员在与客户沟通时，要想给客户留下好印象，那么在言谈举止的表现上一定要谦虚有礼，从而营造出友好和谐的气氛。生活中，齐格勒是个不折不扣的洋基队球迷，用他的话来说，“即便客户是波士顿红袜队的忠实粉丝，并且同自己宣称在红袜面前，洋基的战斗力只有 5，我也只会摊手耸肩，而不会与他就两支队伍谁强谁弱发生争执”。

学会聆听，学会解答

作为销售人员，沟通技巧必须要娴熟。当客户聊过去、聊回忆的时候，只需静静倾听就好，不要打断；而当客户从聊过往转为提问的时候，则要尽力详细地去解答。有时客户听不懂一些有关商品的专业术语怎么办？齐格勒给出的方法是用最简单的比方，去解答客户最复杂的困惑。

除了洋基队的“圣婴”贝比·鲁斯之外，齐格勒还很崇拜爱因斯坦，因为爱因斯坦在与人交谈时所用的语言就很“接地气”。例如，曾经有一位老人问爱因斯坦说：“你好，阿尔伯特先生，我没读过什么书，不明白你研究的相对论，你能告诉我什么是相对论吗？”爱因斯坦沉思了一阵子，他不想从学术方面进行解释，而是反问道：“如果客厅的时钟快要指向午夜 12 点，而您的孙女还没回家，您很着急，您觉得此时的时间过得快还是慢？”老人不假思索地回答说：“当然是慢了。”

“好的。”爱因斯坦点了点头继续问出第二个问题：“假如午夜 12 点时您正在剧院听一幕您非常喜爱的歌剧，您觉得此时的时间过得快还是慢？”

老人回答说：“那当然是快了。”

爱因斯坦笑了笑说：“其实这就是所谓的相对论。”

仅仅用了两个问题，爱因斯坦就说明了相对论的本质，这是齐格勒非常敬佩他的地方。作为销售人员一定要有语言的转化能力，把晦涩难懂的专业术语转化成顾客听得懂的话语。

对所有想要掏钱购买商品的客户来说，在消费的时候都会存在着一种花钱求舒适的心理，只要客户感觉聊得很舒服、很愉快，钱花得很值很爽，那么他就会很容易做出购买的决定。对于销售员而言，这是提升业绩、拿到订单很有效的途径之一。

聊天并非海阔天空，而是有的放矢

相信很多人在购物时都经历过这种感受：销售人员滔滔不绝地讲述了一通之后，而自己却一点也听不懂究竟能从购买产品中得到什么好处。这就是销售员与客户聊天过程中最突出的问题。导致这种问题的源头就是销售不顾客户的心理感受，总是在一味地吹嘘和宣传自己产品的优势，吹嘘自己的产品销量多好、用户满意度多高、技术有多领先等，结果说到最后并不能换来顾客的青睐，反而收到一个大大的白眼。因为对顾客来说，那些“吹破天际”的产品介绍就是在“王婆卖瓜，自卖自夸”，根本没有任何说服力。

作为销售人员，首先要明白一个道理：没有谁会平白无故地去购买与自己需求无关的商品。即便是收藏家，也只会收藏自己感兴趣的物品，如果一个销售向集邮爱好者推销一件瓷器，可以肯定的是，无论这件瓷器做工有多精良，销售的口才有多棒，这名集邮爱好者99%都会无动于衷，因为他只会为好看的邮票买单，不会因为销售的强大口才转而购买瓷器。

2019年，“像极了爱情”的梗在网络上迅速流传，意思是跟爱情太像了，但真的不是爱情。有人在网上分享自己遇见死缠烂打的销售员时吐槽道："销售死缠烂打的样子，真是像极了爱情。"这个帖子，在短短的一周时间内，浏览量超过百万，有不少网友纷纷在下面跟帖讨论起了自己曾经见过的奇葩销售员，其中一名来自江西，ID是"柠檬猫"的女士留言说，她之前给女儿买写字桌时就遇到了这样一位销售员。

2018年7月的一天，"柠檬猫"逛家具商场，打算为将要上小学的女儿购买一张写字桌。早在来之前她就已经做了一番功课，来到商场后，她直奔那家全国知名连锁品牌的代理店。

负责接待"柠檬猫"的导购十分热情，他一见到"柠檬猫"就迫不及待地说："这位女士，您真有眼光。您面前的写字桌是由国际知名华人设计师精心设计的，该设计师几年前曾拿过享誉国际的设计大奖。他所设计出的产品热销国内外，简直是华人之光！正如您现在所见到的这一款，不仅设计一流，而且做工精细，材料质地上乘，您想象一下，如此豪华的写字桌放在您的家中，每当你闲暇时候泡一杯茶，坐在写字桌前翻看村上春树的小说，是多么的罗曼蒂克。"

听了导购的话，"柠檬猫"有些哭笑不得。不过，她很快调整好自己的情绪，想了想问道："你说的这个，我倒不是很在乎。你能给我说说它的具体构造吗？比如说高度、边角之类的。"

导购员热情地回答说："当然可以，这张写字桌设计不同于东方传统的写字台，它有其独特的设计方向，您看，这造型采用的是欧洲复古风格，您听说过高尔基吧？就是写《海燕》《童年》的那位，那可是位大文豪啊，据说这张写字桌的设计灵感就是来自高尔基用的那一张。这位女士，我看您保养得那么好，肯定是做文职工作的吧？您不会也是位作家吧？要是的话，那可赶巧了，用这张写字桌写作，肯定文思泉涌、事半功倍。"

"柠檬猫"有些无语地摆了摆手，心想这导购也太能扯了，这都哪跟哪啊？她对导购说："你介绍得挺精彩，不过这并不是我最感兴趣的，其实我比较关心……"

不等“柠檬猫”说完，导购员立刻接过她的话说：“我知道您想说什么！这套家具采取了最典雅的海棠红，而且是用上乘的木料，外面还有保护层，我敢保证它的使用寿命绝对能在 30 年以上。”

“柠檬猫”笑了笑，说：“你说的这些，我都相信，也可以感觉得到。不过，我想你可能有点误会我的意思了，比起使用寿命，其实我更关心孩子……”

“柠檬猫”原本想说：“更关心是否适合给孩子用。”然而，没等她说完，导购员又抢过话头说：“女士，我完全可以理解您的担忧。您看那边，这是我们公司特别为这套家具配置了一些防护措施。这样，可以保证您的孩子不能在上面乱涂乱画了。而且，这还会是一件非常有价值的收藏品。此外，它还很漂亮，可以作为室内装饰品。也赶巧了，今天是本店开业五周年店庆，正在搞促销活动，如果您打算购买全套的话，我们按原价的 8 折卖给您。”

“柠檬猫”暗自叹了一口气，自己从进店到现在都没说过一句完整的话，虽然导购员很能侃，可很明显没抓住自己心里的点。“柠檬猫”有些扫兴，并不想继续待在这里耗费自己的好心情，于是随意编了一个借口匆匆离去。

毋庸置疑，负责接待“柠檬猫”的这位导购员口才很棒，能说会道。但是，他在接待“柠檬猫”的过程中所聊的东西完全不在点子上，他的失误正是因为在他没有真正了解客户的需求之前就开始说个不停，并且在与顾客的交流中，他不止一次打断了顾客的话，这不仅让客户感到不悦，也错失了了解客户需求的大好时机。销售不是比口才，它是一个了解需求、分析需求、解决需求的过程，在不明客户意图的情况下口若悬河，必然会导致销售的失败。

其实对于销售达人而言，都希望能遇到像“柠檬猫”这样清楚知道自己需求的客户。类似于“柠檬猫”这样的客户，只要耐心听完他们的需求，就能有的放矢地进行推销。而有些顾客到店里来一般不会和销售讲完他的需求，而是需要销售人员去引导顾客开口并判断顾客的需求点。因为大部分顾客有时就连自己也说不清自己需要什么样的产品，特别是一些耐用消费品，比如说厨房电器类的商品，有些人或许是第一次买，有些人则是不懂电器的各种规格，此时就需要销售帮助客户找到他们真正需求的产品。

销售人员在介绍产品的时候，要认识到客户的需求实际上就是客户的现状与目标之间的差距，客户希望销售人员所推销的产品或服务能充分满足这个差距，从而实现预期的目标。如果客户认为这个产品并不能满足他的需求，他自然不会去购买。所以，当销售人员在向客户进行销售陈述时，一定要有的放矢，将重点放在客户的需求上。

与客户聊天，选择最适合的环境

在现实工作中，有些销售人员很容易就能进入推销状态，在街面上、楼梯口，甚至是嘈杂的环境中，只要一见到顾客，他们就能兴致勃勃地和对方聊产品。即使是在顾客家里，小孩子的东奔西跑、吵吵闹闹也不能打断他们“敬业”的产品介绍。

有的销售人员在与顾客见面后，往往不去观察和预热沟通，而是忙着摆放样品、宣传资料、示范工具等，恨不得下一秒钟赶紧直奔销售主题，将自己想要说的话一股脑儿地倒给顾客。这类销售人员看上去颇有职业素养，他们对产品知识了如指掌，销售的热情和执着度都非常高。但是，如果没有顾客的投入和参与，其沟通的效果往往就不能如意，甚至是刚一开始就被迫草草收场。

李明涛大学毕业后在亲戚的引荐下加入了一家主营通信设备的公司做产品销售，为了不让亲戚折了颜面，李明涛暗下决心一定要在这个公司好好表现。加入公司最初的一段时间，李明涛拿出了曾经高考时期的拼劲，白天参加公司的业务培训，晚上则熬夜苦读公司产品的数据资料。

这样的日子李明涛坚持了很多天，公司培训期结束后，李明涛也初步掌握了公司大多数通信设备的数据。几天后，李明涛踩着锃亮的皮鞋去拜访了一个当地的潜在大客户，他找到那家公司的负责人之后，就开始介绍自己。

“您好，打扰您一下，我是 ×× 通信公司的项目型销售代表，今天专程来拜访您。这是我的名片……”说着他把名片递到了那位负责人手里。

“哦。”负责人不置可否地答应了一声。

“我们公司新推出了一种产品，今天特地来为您介绍……”李明涛把之前背诵的资料复述了一遍。

在李明涛介绍的过程中，这位负责人接了一个工作上的电话，根据负责人的语气和反应，李明涛推测出应该是他手下的项目出了一些问题。

等到对方挂断电话后，李明涛再次开启了“复读机”功能，从各个方面介绍自己公司产品的性能和优点，全然不顾对方失落的情绪。

“工作上的事情本来就够闹心的了，现在你又来烦我……”客户也不好发作，只能装作很忙的样子说：“感谢你花时间为我介绍了你们公司的新产品，这样，你把资料放在我这儿吧，有时间我再跟你联系，今天就先这样，我一会儿还有点事要处理一下。”

收到对方的“逐客令”，李明涛愣了一下，不知道自己说错了什么，但来不及多想，因为李明涛看到对方已经起身给自己开了门。

之所以会出现这种情况，并不是因为李明涛说了什么让顾客难以接受的话，而是没有营造出良好的谈话氛围，让客户能够真正投入沟通。同时，在客户心情不好的时候，他也没有主动安慰。

有效的聊天需要一个良好的聊天环境。作为聊天的要素之一，舒适的环境能够确保双方的聊天顺利进行，而不被外界因素所干扰或打断。例如：谈话的环境是否相对安静，有没有噪音或其他人的干扰？谈话的时间如果比较长，要不要坐下来沟通，有没有比较舒适的座椅？气温、光线是否适宜，会不会影响沟通的兴致？等等。

另外，销售人员也要考虑顾客的心理状态对于沟通的效果影响。通常，顾客都不愿意被动地接受推销，更不愿意在不信任或有压力的情况下接受服务。他们或许对推销存在戒备心理；或许对销售人员还不太了解；或许身体疲劳、精神状态不好；或许正沉浸在某种焦虑或痛苦之中，还没有心思来听销售人员的介绍。

在这种情况下，如果销售人员不注意调整顾客的心理状态，营造沟通氛围，而是迫不及待地进行推销，其结果往往会让顾客产生抵触情绪。这不但不利于话题的深入展开，而且还会给顾客留下不好的印象，也为进一步接触顾客留下了障碍。

从事销售工作的人应该很清楚，“推销味道”浓厚的聊天气氛会使客户产生排斥心理甚至厌恶情绪。它不会给销售人员带来任何美好的回忆，相反，大多数销售人员从中感受到的都是郁闷和烦恼，无数次销售失败的经历都是由此开始的。

这是因为大多数客户都对商业性质过于浓厚的聊天抱有防范心理，他们害怕自己的利益受到损害，或者不愿被打扰，因此导致沟通过程中出现阻碍和隔阂。

总之，作为销售人员要善于营造聊天氛围，使顾客进入一个良好的谈话状态。如果是销售人员选择地点，就要选择相对安静、方便顾客前往、环境比较舒适的地方，比如茶馆、咖啡厅等；如果是顾客约定地点，则要在事前对地点多加了解，以确认该地点是否方便示范讲解，并免受外界干扰，使顾客能专心投入。

此外，销售员在销售之前也要做好正式会面的准备。在正式会面之前，要避免直接谈销售，而应做好见面的确认和准备工作，以自己的职业形象赢得顾客的尊重和信任，争取良好的沟通氛围。

例如，在约定时间的前半天，可以给顾客打电话，确认约定的相关事项有没有变更；而正式赴约，切记要准时，千万不能让顾客等；当你出现在顾客面前时，要衣着整洁、面带微笑；对不太熟悉的顾客，则要礼貌地做自我介绍，也可就共同关心的人或事、顾客的兴趣爱好、顾客的籍贯、气候或季节等话题，与顾客进行攀谈，以减轻顾客的陌生感。

第 2 章

聊天的初心，获得客户的共鸣

很多优秀的销售员都具有一个共性，即在面对客户时，他们的语言表达落落大方、自然得体，很容易让客户产生共鸣，从而在感情上与客户拉近距离。

在销售过程中，聊天的内容决定了交易的走向，是成是败，全靠销售员自己把握。销售员与客户聊天的目的是销售产品，如果能够通过聊天让客户产生共鸣，则目的就更容易达到。

两句寒暄，三分认可

多年前，红遍大江南北的歌手陈奕迅在《好久不见》中唱道："你会不会忽然的出现？在街角的咖啡店，我会带着笑脸，挥手寒暄，和你坐着聊聊天。"这首歌唱出了不少失恋者的心酸。其中有些人表示，自己也与前任好久不见，但如果再见面，或许做不到平静寒暄，更有可能转身就走。何谓寒暄？百科词条给出的解释是，见面时谈天气冷暖之类的应酬话。简单来说，就是嘘寒问暖，目的在于联络感情——与生人会面，能给交往活动建立一个良好的开端；而跟熟悉之人相处，简单寒暄几句则能够维持和增进感情。

对于销售而言，与客户交流前的寒暄也是非常必要的，寒暄作为正式谈话的"导语"，具有抛砖引玉的作用，既可以消除彼此之间的陌生感，也能为两人接下来的交流营造出一种融洽的氛围。

在销售活动中，和客户寒暄与不和客户寒暄的差别是很大的，我们不妨看看下面这两个例子。

清晨，农贸市场。

鱼档老板阿黄十分热情地与每一位路过的老顾客打招呼，"李大娘，过来了啊？小孙子最近的学习怎么样？"

李大娘："还行，上次期中考试考了全班第九，给全家人高兴坏了。"

阿黄:“嘿，那还真行。要我说啊，这孩子能不能学好，家庭教育也挺重要的。我就是小时候家里管得不严，上了几年学就不上了。您看，这不跑市场杀鱼来了吗？”

李大娘：“三百六十行，行行出状元。在这个市场，论杀鱼的技术，谁能赶得上你啊！”

阿黄：“哎哟，您这么说真是太抬举我了。有个词儿怎么说来着？对，‘受宠若惊’！您看，没文化就是不行，想个词儿都得想半天。”

李大娘:“没事，你先想着，我看看你的鱼。”

阿黄:“今天早上刚进的货，您瞧，还活蹦乱跳的呢！”

李大娘在阿黄的热情服务下，买了一条鲤鱼。

而在农贸市场的另一边，刚开始做水果生意的小张也非常积极。一个大爷扫了一眼摊位上的水果，小张便赶紧热情地询问道:“大爷，想买点什么？”

大爷说:“哦，我就随便看看。”

小张拿起称说:“看好哪个了？我帮您称。”

大爷一看小张这架势，连忙摆手说:“不用不用，我就看看。”说完，转身就走了。

在农贸市场里发生的两件事情中，水果摊主小张虽然积极有余，但明显经验不足，只顾着做生意。而鱼档阿黄深谙寒暄之道，因此他并不着急做生意，而是和客户聊起了家常。最后，阿黄完成了交易，而小张却被客户抛弃。

由此可见，在进行营销活动之前，销售员如果主动与客户寒暄，消除双方的隔阂，与对方成为朋友，这对销售进程将是很有益的。作为推销商品的一方，销售员在寒暄时要主动热情、大方得体，力求先入为主地向对方传递有声和无声的信息，借此表现出自己对对方的热情、友好、关心与信任，以便给对方留下一个鲜明、深刻的第一印象。

然而，有些销售员并不是不明白寒暄的好处，只是有时面对客户想要寒暄几句时，却不知如何开口。其实，寒暄就是拉家常，其内容可以是多方面的，上到天文地理，下到市井八卦，都是适合寒暄的话题。通过非业务性的有趣寒暄，往往比较容易引发双方在某些方面的共鸣，发现共同的兴趣，引起共鸣，为正式谈话奠定良好的感情、气氛的基础。当然，寒暄要把握好度，太过热情反而会让客户觉得你这个人是个“自来熟”，从而在心底对你产生厌烦。

费点心思，采用新颖别致的开场白

在向客户推销之前，开场白的作用是不可小觑的，这会直接影响到我们在顾客心目中的第一印象。作为聊天的开始，一段好的开场白不仅会给人一种亲切的感觉，更能帮助销售人员打开谈话的局面，创造一个良好的谈话环境。

对于一些销售精英来说，他们在长年累月的销售中早已形成了自己的聊天方式和风格，他们在面对不同的客户时都会为与其谈话精心准备一个吸引人的开场白，并在适当的时机穿插自己的销售内容，让双方在一个比较融洽的氛围下继续聊下去。

优秀销售员惯用的开场方式有如下五种。

在金钱上找到立足点

生活中，几乎没有人不对如何省钱和如何赚钱的话题感兴趣，因此销售开场白可以从这个方向抓住客户的心理，利用省钱和赚钱的好方法引起客户的兴趣。例如，一个推销节能空调的销售在炎炎夏日对客户说：“你知道节能空调一个月能为您省下多少电费吗？”

真诚的赞美

无论是职场白领还是成功的企业家，他们内心都渴望听到赞美的声音，这会让他们感到愉悦和鼓舞，因而不免会对赞美者产生好感。当然，对客户的赞美要真诚，赞美的确实是客户的优势或者做得好的方面。

利用好奇心

销售员制造神秘气氛，引起对方的好奇，然后，在解答疑问时，很巧妙地把产品介绍给对方。例如，一位保险销售员拜访某公司的老板时开口说道："陈总，假如我这里有一箱木炭要卖掉，您愿意出多少钱？"

陈总没有回答，而是有些疑惑地反问道："我要木炭做什么？"

保险销售员笑了笑继续说："哦，那好。我再问您，假设您在参观动物园时不小心掉进虎山，好几只老虎对您虎视眈眈，您的生命受到了威胁。而这时只有我可以救您，但前提是您必须答应付我一万元的酬金，您愿意答应我的条件吗？"

陈总陷入了沉思，有些犹豫地回答道："这个嘛……不太好说，唉？你怎么会问我这样的问题？"

这位保险销售员在与客户谈话之初，并未急于向客户推销自己卖的保险险种，而是问一些似乎与销售无关的稀奇古怪的问题，这让客户感到非常意外，于是就会产生听下去的欲望。这位保险销售员开场白的成功在于他能够掌握客户的心理，即客户的购买是建立在需求的基础上的。他向客户提出的第二个问题就是一个很好的铺垫，而且这样的问题能够完全吸引住客户，可谓一箭双雕。

向客户求教

在生活中，有些人好为人师，总是喜欢指导他人。有些销售人员就利用向客户请教问题的方法来引起客户的注意。例如："陆总，我听说您在计算机领域可是行家。今天拜访您，就是希望您帮忙看看我们公司开发的智能办公系统在设计方面存在什么缺陷。"一般人受到这番夸奖，通常会接过销售员递过来的电脑资料随手翻看，而一旦他被里面的智能办公系统所吸引，销售员的目的便达到了。

巧用赠品

很少有人会拒绝免费的礼物，有些销售员会利用客户的这种心理设置开场白，打开局面。平时，这些销售员会在公文包里放一些小公仔、指甲刀等小物品，用这些东西当敲门砖，既新鲜，又实用。

以上五种开场白可以交替使用，主要根据客户的实际情况而定。无论选择什么样的开场白，销售员必须保持自信，尤其是当销售人员的开场白涉及产品时，一定要镇定沉稳，不能露怯。如果你对自己的产品都不自信，又怎么能够取得客户的信任呢？同时也不能表现得过于急躁，在很多销售谈话中，往往推销商品所用的时间仅占整个谈话的三分之一，甚至更短，如果一开场就用大量的篇幅去介绍产品，恐怕没有客户会有继续聊下去的兴趣。

总之，在实际的销售过程中，如果一名销售人员的开场白足够吸引人，能够在开场的短暂时间里抓住客户的心，那么接下来的推销活动会比想象中容易得多。

寻找与客户的共同点，以此开聊

无论是销售还是人与人之间的社交沟通，“共同点”始终扮演着相当重要的角色。什么是“共同点”？放大来看，便是生活中人们常说的“志同道合”。

意大利一所大学曾对在校学生做过一个实验，校方选择了一组成长环境、家庭条件、兴趣爱好相似的男大学生，并让这些彼此陌生的大学生住在一间大型宿舍里。同时，又选了一组成长环境、家庭条件、兴趣爱好不大相似的男大学生住进另一个大型宿舍中。两个礼拜过后，实验结果显示：条件相似的那个宿舍里的学生们，关系变得很密切，彼此称兄道弟，都成了好朋友；而条件不相似的那个宿舍里的学生们，关系则十分平常，并不如第一组那样亲密。

这个实验的结果，其实就是具有“共同点”让人们变得好相处的最好例证。它告诉人们一个事实，相似性是人际吸引中的一个关键因素。性格相似的人，总要比毫无共同之处的人容易进行沟通，他们很少会因为意见传递的困难而造成误会和冲突，即便两个人是初次见面，一旦他们发现了彼此的共同之处，他们很快就会产生一种“相见恨晚”的亲切感。

“共同点”是双方进行社交活动的交点，同样也是销售员与陌生客户拉近关系的突破口。如果销售员能巧妙地利用这一点，则他的工作会轻松许多。

一位金牌销售员应约来到某公司的经理办公室，在聊天时，这名销售员注意到该公司经理的书架最明显的位置上摆放着一本王小波的杂文集《沉默的大多数》。于是，在与客户聊天的过程中，他略带试探地询问道：“您之前看过王小波的《三个时代》吗？”

听到“王小波”这三个字，总经理的眼睛忽然亮了起来。这名销售员一看，肯定有戏，于是趁热打铁道：“我是他的忠实粉丝，他所有的作品，我都看过。您书架上摆放的那本《沉默的大多数》，我上学时看过很多遍。”于是，两个人就王小波的话题越聊越起劲，有一种相见恨晚的感觉。

这位销售经理善于观察，找到了与客户的共同点，打开了交谈的思路，也为之后的成交打下了坚实的基础。

要想打动人心，就要投其所好，谈论客户喜爱的话题，绝对是一个最快最好的方法，如果销售人员能够做到这一点，销售的大门将永远为他敞开。那么，对于销售员而言，应该如何寻找与陌生客户的共同点呢？

以话试探，细察共同点

面对陌生的客户，为了打破沉默局面，销售需要先开口。有的销售员以招呼开场，询问对方的籍贯、身份，从中获取信息；有的销售员通过听对方说话的口音、言辞，细察对方的情况；有的销售员以动作开场，一边帮对方做某些急需帮助的事，一边以话试探；而有的销售员甚至以借火吸烟的方式，展开与对方的交流。以话试探的方式有很多种，重点在于销售员要善于观察，从客户展现出的细节处，找寻双方的共同点。

察言观色，寻找共同点

一个人的心理状态、精神追求、日常爱好等，或多或少地要在他们的表情、服饰、谈吐、举止等方面有所表现，只要你善于观察，就会发现彼此之间的共同点。

李想退伍后转业做了一名销售员。有一次，他乘坐长途大巴出差。不料，汽车行驶到半路抛锚了，司机车上车下忙活了半天也没修好。这时，车上有一个人建议司机把油路再查一遍，司机将信将疑地去查了一遍，果然找到了故障的原因。

李想全程观察了这个人，从军的经历让他感觉这个人的谈吐以及修车的本事可能跟部队有关。于是，他试探地问道："你是汽车兵？""嗯，是的，之前在部队待了八年。""噢，咱俩还应算是战友呢！我也是退伍军人……"

两个人你一言我一语地聊了起来。后来，这个人还真成了李想的客户，而这就源于李想通过观察对方发现了彼此都当过兵这个共同点。

步步深入，挖掘共同点

对于销售员而言，发现客户与自己的共同点是不太难的，但这只能是谈话的初级阶段所需要的。随着交谈内容的深入，共同点会越来越多。为了使交谈更有益于对方，必须一步步地挖掘深层次的共同点。

寻找共同点的方法有很多，譬如共同的生活环境，共同的工作任务、共同的兴趣爱好、共同的生活习惯等，只要细心观察，销售员很快就能与陌生的客户拉近关系。当然，发现与客户的共同点必须跟自己的兴趣爱好相结合，自己对此要有兴趣，还要有所研究，否则，即使发现了共同点，你对此却一知半解，没聊几句就接不上话了，如此不但对你们的谈话无济于事，反而会让客户觉得你不懂装懂，信口开河，不值得信赖。

真诚地赞美必不可少

虽然很多人不愿意承认自己喜欢听奉承话，但这却是不可辩驳的事实。将产品成功出手是每个销售人员的最终目标，既然奉承话能够让客户心甘情愿地购买自己的产品，那么偶尔送给客户一顶“高帽子”又何妨呢？

有一个人刚装修完房子，打算买点家具，在逛街的时候他相中了一款样式新颖别致的地毯。就在他来回踱步的时候，商场导购快步走上来说：“先生，您眼光真好，这款纯手工腈纶地毯是我们这儿卖得最好的，也是我们公司近期的主打产品。”

顾客摸了摸质感，随意问道：“怎么卖的啊？”

导购说：“由于这款地毯销量不错，因此公司最近推出了优惠活动，打完折的价格是 110 元每平方米。”

顾客摸了摸下巴，若有所思地说：“稍微有点贵，还能再便宜点吗？”

导购并没有直接回答顾客的这个问题，而是反问道：“先生，您住在哪里啊？”

顾客回复说：“×× 小区。”

导购接着说：“哇，那个小区我去过，真的是一个非常高档的小区啊！我很喜欢里面的绿化，看得出来，您在那里买房子一定是个对生活品质追求很高的人。您看，我们店几十块钱的地毯您连看都没看，直接问的就是这款，证明您眼光很高。其实说真的，这款纯手工腈纶地毯这个价格已经不算高了，我们这边也就是为了冲销量，赚个口碑和人气。要是您觉着用得好，也能帮我们店做一下宣传。”

顾客听完笑了笑，又摸了摸地毯，随即爽快地交了钱。

作为销售人员，最厉害的武器便是自己的一张嘴，他们能用最动听的赞美让顾客感到开心，从而收获订单。赞美的语言之所以能够在销售中起到作用，是因为这些漂亮话能够满足客户的心理需求。正如 18 世纪英国剧作家菲尔丁所说：“虚荣是使我们装扮成不是我们本来的面目以赢得别人的赞许。”虚荣心几乎人人都有，但很多人的虚荣心在正常的情况下根本得不到满足，而当他们作为客户，行使“上帝权力”的时候，销售人员赞美的语言恰好能够满足其虚荣心。一些虚荣心强的客户，对赞美的语言几乎毫无招架之力；而那些号称“理智”的客户也可能只是虚荣心较弱而已，或许对于一般的赞美他们能够抵制，然而当一波接一波的赞美声包围他们时，相信他们也极有可能会“失守”。因而，销售人员要时刻想着赞美客户。

古希腊有句谚语：“大多数人只知道如何阿谀，可只有寥寥几人才懂得赞美。”与客户打交道时，真诚地赞美会令对方产生好感，从而使相互之间的关系变得更融洽。可作为销售应当清楚一点，赞美并不是单纯地拍马屁，更不是天花乱坠地阿谀奉承，赞美客户也要注意分寸，同时要做到有的放矢，千万不能盲目吹捧对方，否则可能会适得其反。销售人员可以遵循以下几点去赞美客户。

找到一个可以赞美的点

赞美客户是需要理由的，不能凭空制造一个点来赞美客户，而且这个点一定是我们能够赞美的点。要有一个充分的理由来赞美你的客户，这样的赞美，客户才更加容易接受。

必须是优点

我们要发现客户身上所具备的优点和长处，优点和长处正是我们可以大加赞美的地方，客户的优点可以从多个方面来寻找，例如客户的事业、客户的语言、客户的家庭等。如果你不加判断地赞美了客户的一个缺点的话，那么你的赞美只能适得其反。

必须是一个事实

客户的优点要是一个不争的事实，对于事实的赞美和陈述是我们对事物的基本判断，会让客户感觉到，你的赞美没有任何过度的地方，这样的赞美客户更加容易接受。

用自己的话来描述

对客户的赞美要通过组织我们自己的语言，以一种自然而然的方式表达出来。如果过于夸大，那么难免会让客户认为你是一个太过做作的人，客户对你的信任就会打一些折扣。

选择适当的时机

赞美客户一定要选择恰当的时机，这样才显得我们的赞美是非常自然的，对客户来说也会感到非常的舒服。

此外，赞美也可以不用语言来表达。比如，在对方说话的时候，用眼神注视对方，同时流露出认真倾听对方讲话的表情，会让对方意识到自己很重要，这是一种“无声胜有声”式的赞美。

认真倾听客户的谈话，不要敷衍

当下，有很多销售人员凭借自己所掌握的专业知识、产品信息，一见到顾客就开始大肆介绍产品的特点，导致讲解结束后，却依旧不清楚顾客究竟要的是什么。这是一种非常低效的沟通方式，如果一名销售人员只想着推销产品，却从不愿意静下心来听别人说话，那么就算他讲得非常精彩，也不太能得到顾客的认可。一个合格的销售人员应该学会倾听，在交流中听出客户的隐藏需求，并根据需求向客户推荐合适的产品，这样才能让客户买得舒心，买得欢喜。

有位上了年纪的老妇人逛市场，想买点橘子。

老妇人路过第一个卖水果的摊子时说她想买橘子，摊贩立马说他的橘子又甜又新鲜，不甜包退。

老妇人听后，没有说话，直接走开了。

当她走到第二个水果摊时，摊贩听了老妇人的话后，没有第一时间开口介绍自己的水果，而是说他卖的橘子有两种，一种是甜的，一种是酸的，问老妇人想买哪种。

老妇人听完眼睛一亮，用手指向那堆酸橘子说称几斤。

摊贩一边称橘子，一边问老妇人确定是要买酸橘子吗，买这么多回去能不能吃完。老妇人解释说，自己的儿媳妇怀孕了，就想吃酸的。

摊贩听后哈哈一笑，直夸老妇人有福气。老妇人被夸得心情大好，不仅买了5斤橘子，还买了3斤青苹果。

在销售沟通的过程中，销售人员要给顾客一个说话的机会，偶尔把自己当成一个倾听者。有时，就算是顾客的话听起来没什么道理，我们也一定要把话听完，再去发表自己的看法和意见，这不仅能体现出销售员的礼貌，还能给他人一个开口的机会，也许会有意想不到的收获。

日本销售大王原一平曾说："对销售而言，善听比善辩更重要。"出色的销售人员往往善于聆听客户的抱怨、异议和投诉，善于倾听客户的需要、渴望和理想，善于听出客户没说出来的需求。只有耐心倾听客户的话，才能理解对方的想法，知道对方的立场和需求是什么，进而有的放矢，提出适宜的建议。

一般来说，客户也有他们自己的立场，同时他们对销售员的戒心是非常重的。因此，他也许不会把自己真正的想法告诉销售人员，或者用不实的理由来搪塞，或者另有隐情，不便言明。如果你想了解客户的真正想法，一定要善于倾听，并且要做到"有效倾听"。

而"有效倾听"的前提必须建立在客户愿意表达和倾诉的基础之上。如果客户性格内向，或是心情不好不愿意开口说话，销售人员必须学会引导和鼓励客户谈话。在倾听的过程中，销售人员可以通过客户传达出的相关信息判定客户的真正需求和关注的重点问题，然后，销售人员就可以针对这些需求和问题寻找解决的办法，从而令客户感到满足，最终实现成交。

对于销售人员而言，有效的倾听并不是要求他们坐在那里单纯地听客户说话那么简单，而是为了达成商品交易而服务的。当客户无心听取我们的介绍和推荐，而是正在与亲友聊商品或打电话与人讨论时，销售人员就不必上前冒着被客户反感的风险搭话了，而是要抓住客户言语中的关键信息，站在客户的角度尽力去理解对方所说的内容，了解对方在想些什么，对方需要的是什么，要尽可能多地了解对方的情况，以便为客户提供满意的服务。

第3章

聊天的切入点，即客户的兴趣所在

日本销售大师二见道夫曾说:“一开口就谈生意的人，是二流业务员。”很多时候，销售人员在面对客户时都会感受到对方的心不在焉，但又找不到解决的方法。这时，我们不妨试着从对方感兴趣的话题作为切入点，通过聊客户的兴趣勾起对方的聊天欲。在销售领域，如何投其所好，找准聊天切入点是值得每一位销售员关注和训练的一个技巧。只有当双方在一个话题上有话可谈时，销售人员才有可能拿到订单。

如何发现客户的兴趣所在

人际关系大师卡耐基曾说：“我们要对他人真诚地感兴趣，聆听对方的谈话，就对方的兴趣来谈论以及鼓励他人谈论他自己。”在销售领域，一位优秀的销售人员能在谈话中准确捕捉到顾客的兴趣，并将这种兴趣放大成为一种需求，通过客户的兴趣拉近双方的关系，用迂回战术来“打开”顾客的钱包。

李维特想把自己公司制作的香肠销售到纽约的一家三星级酒店，他每个月都会抽出一定的时间给酒店的老板打电话嘘寒问暖，还经常出现在有酒店老板参加活动的场所。为了达成这笔交易，李维特甚至在圣诞节前夕在那家酒店开了间房把全家都接来过节。不过，任凭李维特如何努力都没有取得他想要的结果。

李维特苦苦思索，终于想出了一个办法。在与酒店服务生的聊天中，李维特得知酒店老板是一名洋基队的忠实球迷，无论平时多忙，只要有洋基队的主场比赛，他都会前去助威。

在得知这个消息后，当李维特再次见到酒店老板时，便开始大肆夸奖洋基队最近在球场上的表现。不出所料，酒店老板在听到这个话题后立马跟李维特热情地攀谈起来。他们一边喝着咖啡一边畅谈 MLB 今年哪支球队能夺冠，尽管李维特心中一直支持着休斯敦太空人队，但为了让酒店老板开心，李维特不得不违心地说，洋基队一定能够笑到最后。在愉快的氛围中，两人聊了一个多小时的棒球。

等到谈话结束时，酒店老板约李维特下周一同去新洋基体育场观看比赛。这次会面中李维特丝毫没有提起香肠的事情，但在不久之后，那家酒店的厨师长给李维特打去电话，让李维特将香肠样品和价格表送到酒店。

“我真不知道你给我们那位老板灌了什么迷魂汤。”厨师长在电话里说，“他可是出了名的固执。”

“哈哈，”李维特笑道：“嗨，伙计。你好好想想，我纠缠他整整一年了，还为此入住了你们的酒店。为了促成这笔生意，你不知道我付出了多少时间和精力。”

在销售沟通过程中，销售人员必须跟着客户的兴趣走，谈话没有共同点是很难进行下去的。例如，当你看到客户办公室挂着油画时，你不妨说：“你对艺术很感兴趣吧？喜欢艺术的人都具备优雅的气质，这从与你的谈话中就能感受出来。”除此之外，想要成为一名优秀的销售人员，对于当下流行的各种文化、音乐、书籍、经济、时政、八卦等方面的信息多少也要了解一些。

当然，人的兴趣包罗万象，而销售人员不可能样样精通。如果在交谈中，对方抛出的话题并不在你的知识范围内，那么你完全可以说：“我一直对你提的这个方面很感兴趣，可是我没什么天赋，曾经学过一段时间，可就是学不好，你在这方面如此精通，真的很了不起呢！”这样说，不仅从侧面称赞了对方，还可以让对方觉得你是一个实在的人，并没有不懂装懂。

当销售人员与客户通过相同的兴趣建立起初步的话题以后，那么在这个时候，我们就可以趁机将话题引入我们所要推销的产品上来。以朋友的身份和语气与客户交流是不会引起客户反感的。这个时候，客户才会觉得我们给他们推荐某种商品是为了改变他们的生活，而非为了赚钱。只要我们能够抓住这个时机，找到推销的切入点，我们的产品就有极大的可能推销成功。即使暂时遭到了拒绝，我们也拥有了再次向他们推销产品的机会。

找寻客户兴趣的方法有很多，除了聊天以外，我们也可以通过客户的性别、年龄、着装、职业等一些蛛丝马迹去挖掘和推测客户喜欢什么。如果销售人员在聊天中可以找到正确的切入点，让客户在与你初次见面时就愿意和你聊天，那么恭喜你，这笔订单收入有一半已经进了你的口袋。之后，你需要做的，就是通过聊天留住客户，将这位潜在客户彻底变成你的“老客户”。

巧妙地把话题引到客户感兴趣的事物上

行走在 CBD 商圈的大街上，我们经常可以看到有一些推销人员手拿传单招揽客户，他们经常这样说：“您好先生，我是 ×× 公司的销售顾问，我们这边有款产品，您要了解一下吗？”对于这样的推销员，行人往往不厌烦地直接一摆手拒绝，或是低下头假装没听见。这就是销售人员在没有与客户建立信任关系之前，直接切入销售话题的结果。或许有人会反驳，这是因为在大街上，人们都行色匆匆赶着去做自己的事情，所以没有时间。可是为什么当有商家表演活动时，他们会驻足观看呢？原因很简单，因为绝大多数商演比销售员的谈话更加具有吸引力，更能捕捉到客户的好奇和兴趣，而这正是商家能够打开销售局面的第一步。

在街上，每个行人其实都是销售人员的潜在客户，如果能够与他们进行深入沟通，这些人都有可能成为真正的客户，之所以没有将这些人转化成自己的客户，是因为销售人员没有挖掘到联系他们的纽带，这个纽带就是共同的话题和兴趣。优秀销售在与客户的聊天中往往能够通过对话题的引导，让潜在客户对他们之间的谈话充满兴致，在这个互动的过程中，销售人员与潜在客户之间的关系就变得亲密，信任也就逐渐产生。当两个人的关系趋于稳定的时候，就是展开销售话题的时候。

一些销售人员总是抱怨现在的客户太难沟通，根本就不给自己说话的机会，事实上并不是客户不给销售人员说话的机会，而是销售人员的话题不具有吸引力。尤其是在发展潜在客户的时候，如果我们一上来就亮明自己销售的身份，就相当于我们直接将客户推得很远。出于本能反应，绝大多数人都会因为对方是销售人员而产生距离感，因为人们总是不相信销售人员。

宝儿是一名保险公司的销售人员，每天一大早，她都会来到公司附近的一个公园，因为很多老年人都会来这里晨练，宝儿认为这是一个很适合自己销售的场所。

宝儿密切关注着公园里每一个老人的行动，当看到有人停下来时，她就会立刻凑到对方跟前说："您好，我是保险公司的，我们公司的产品能让您……"

"不要，不要。"老人立刻摆手说道。

宝儿跟在对方身后锲而不舍地说："您看一下吧，我们公司的产品真的很好。"

"你听不懂中国话是吗？我都说了不要了。去去去，别耽误我晨练。"

宝儿无耐只好闭嘴，换下一个目标，结果还是以失败告终。

无论潜在客户对于产品本身有没有兴趣，他们的第一反应必然是拒绝，即使销售人员百般劝说，他们通常也不会改变主意，这样关系就僵住了。我们知道销售成败的关键就在于与客户的关系。所以，销售人员完全可以巧妙地把话题引到客户感兴趣的事物上，从而建立关系，引出销售话题。例如上面案例中的宝儿，她完全可以用别的方式与老人搭讪。"大爷，您精气神真好，我想肯定是天天锻炼的结果吧！"如果她能用这样的方式搭讪，在很大程度上是不会被拒绝的，因为没有人会拒绝自己感兴趣的事物和话题。而作为销售员，只要能引起客户的兴趣，让这场聊天有一个良好的开端，那么融洽的关系是很容易在这场谈话的过程中建立的。老人们比较关心子女的状况、老年生活和身体状况等，宝儿如果能就此话题延展下去，很快就可以引出自己的保险产品了。

那么，销售人员应该如何巧妙地把聊天的话题引到客户感兴趣的事物上呢？

通常情况下，销售人员可以通过以下话题引起客户的兴趣，首先是观察并了解客户的兴趣爱好，如体育运动、电子游戏、穿着衣品、艺术品位等。如果对于以上这些情况一无所知，那我们则可以谈论客户的工作，每个人在自己所从事的工作中或多或少都取得过一些成就，我们可以从这方面入手，让客户回忆起自己的“高光时刻”，这样做不仅能让客户在一波“回忆杀”中心生美好的怀念之情，还能够从客户给出的信息中了解客户更多的生活和爱好，从而为接下来的聊天营造一个良好的氛围。除此之外，针对男性客户我们也可以多谈论一些时事新闻，如近期流行的时事热点、重大新闻，相信很多人都会对近期流行的话题产生继续交谈的兴趣。

而对于中年客户，我们则可以把如何培养小孩作为聊天的切入点，我们可以适当询问孩子的状况，例如小孩多大了？上几年级了？平时功课好不好？作为父母，几乎没有人会对孩子的教育不上心。

面对老年客户，我们可以陪着他们一起怀旧，一起聊一聊客户的家乡或者能够引起他们回味的陈年往事等。对于不同的客户，销售人员要准备不同的话题，只有当你的话题引起了客户的注意和兴趣，才能让你更顺利地把销售推向下一环节。因此，在与客户进行销售沟通之前，销售人员十分有必要花费一定的时间和精力对客户的喜好和品位等进行研究，这样在沟通的过程中才能做到有的放矢。

与客户保持相同的谈话节奏

在与客户交流的时候，有些客户总能对销售人员提出的问题做到“秒回”，而有的客户则会在认真思考一番后才给出答复。生活中，人们往往存在这样一个心理，就是希望对方和自己的谈话节奏能够保持一致。对于不同类型的买家，销售人员应该尽量使用和他们相同的说话方式和节奏进行交流。跟年轻人讲话时，我们应该表现得活泼一些，以体现出青春和活力；对中老年顾客讲话，我们可以放慢思路，讲话节奏放慢一些，要有耐心，以体现出专业性。对不同的顾客，我们可以模仿顾客的说话风格和节奏。

销售员就应该善问会听、能说会道，可如果经常口若悬河，说话不分对象反而容易引起客户的反感。优秀的销售员应该随着客户的变化，调整自己说话的速度与风格，不要让人有压迫感。客户的性格有很多种，那么我们应该怎样与他们对话呢？首先我们要分辨出客户的类型，然后再做出相应的反应和策略。通常，销售员一般会碰到以下几种类型的客户。

谨慎型客户

顾名思义，谨慎型客户指的是那些回应缓慢、谨小慎微、久拖不决的客户。在与这类客户聊天时，销售人员要尽量把自己的节奏放缓，与客户的说话方式保持一致，让顾客对你产生一种安全感，等到建立起他对你的信任时，才可以加快销售进程。

对决策过慢的谨慎客户，销售人员千万不要反对他所说的事情。你应该让他畅所欲言。当你停止对客户的纠缠时，他反而会不再抵抗你了。

对于那些久拖不决型客户，我们如何努力才能达到最佳效果呢？关键就是要在整个决策过程中给予他们鼓励和支持，让他们知道与你一起做决策是安全的。找出他们的担心之处，并逐一解决。当然，必要的指导也是可行的，你可以给对方设定一个期限。大多数久拖不决型客户总是推迟做出决定的时间，这是他们的一个大问题。如果你能帮助他们解决这个问题，即使是部分地解决，他们也会感激不已，从此成为你的忠诚客户。

沉默型客户

沉默型的客户，相信对很多销售人员来说都不陌生。有些客户天生性格内向，不喜欢参加轻松或正式的讨论。或者他们是在思考你说的内容，努力消化，决定怎么做。他们的沉默足以将销售人员一一击溃。对于那些经验不足的销售人员来说，这时候他们难免耐不住性子，或者滔滔不绝地介绍产品的好处，或者直接内心抓狂，转身离去。然而，优秀的销售人员则会让自己先安静下来，自信地微笑着。也许他会说：“我想你不妨安静地坐在这里，想想我们的产品和服务的众多优点。我知道你坐得越久，对这些优点考虑得越多，你就越想成为我们的客户。”销售员用这种强有力的说服技巧，是在告诉客户：他越是认为自己在抵抗，他越有可能购买你的产品。很多客户听了这样的话，在思考之后，就不会再沉默了。

高效型客户

对于这类客户来说，他们总是在下定决心购买某件商品后就希望交易能够快速结束。或许有的销售员会认为，应对这种客户的最佳方式是以柔克刚，说话速度缓慢，从而使得客户的速度逐渐着陆。通过这种方式，能够更好地引导客户关注你所传递的信息。然而，令人遗憾的是，这种应对措施常常事与愿违。

毕竟，我们是在向客户推销产品。所以，与这种客户进行沟通的最佳方式是按照他们的行事风格进行。如果你不能完全跟上客户的语速，那么你至少应当尽量接近他们。只有这样，你才能在彼此之间架起一座桥梁以缩短双方的距离。通过加快自身的说话速度，向客户展示“我和你是相同风格的”，来和客户进行沟通。客户并不知道你的真正目的，他所知道的全部信息是你看起来像一个精明的人，是一个内行。

强势型客户

对于强势的客户来说，他们坚信自己拥有解决一切难题的答案。对于那些还未浮出水面的问题，强势型客户总是自信地认为他们拥有解决之道。所以，当我们遇到这种支配欲强的客户时，我们首先要对他们表示尊重，但不必过于“卑躬屈膝”，如果你表现得过于毕恭毕敬的话，你将被客户视为懦弱、没有主见和不值得尊重。

我们应该在销售的过程中尽量向客户展示自己的信心、见识广和行事果断，让自己理直气壮地同客户交谈，并且进行目光的直接交流，充分展示自己的专业技能。这样，我们才能赢得强势客户的尊重。

另外，销售人员除了要紧跟客户的谈话节奏，还要学会建立起属于自己的一种讲话节奏。例如，你在做产品介绍时，应该用适中的语速。如果太快，容易使听者忽略主要的信息；慢了又会显得拖沓，缺乏时间观念，容易给人留下做事不够果断的印象。需要注意的是，除了在你想强调的地方说得慢一点，其他部分你可以在不影响表达的情况下，适当把话说得紧凑些。同时，也不应刻意“抑扬顿挫”，这不仅会显得你很不自在，也让对方觉得你做作，反倒会破坏良好的谈话氛围。

多阅读，涉猎广，避免“言”到用时方恨少

古语有云:“书到用时方恨少，事非经过不知难。”做销售，也是同样的道理，销售是一门技能，也是一门艺术。要想做好销售这一行，就必须积极涉猎行业外各个领域的知识。比如时下流行的体育赛事和体坛明星，这样，等到与客户沟通时就不会捉襟见肘，也不至于使客户感到与你的沟通寡淡无味。

要知道，各大公司的金牌销售往往都是注重阅读学习的高手，他们通过书籍拓展自己的知识库，将每晚的睡前阅读变成自己的习惯，进而通过阅读学习不断超越自己。读书的最大好处就是:能够不断补充新的知识和信息,使自己不断强大。

不可否认，有些人天生适合做销售，有些人则在销售这条路上走不长远。但也有一些没有天赋的人通过自身的学习和修炼，达到了一个很高的销售水平。香港富豪李嘉诚就曾说:“读书虽然不能给我带来更多财富，但它可以给我带来更多

机会。”

早年间，在李嘉诚还未创办长江实业集团之前，他也是一名商品推销员。不过与当时的很多销售不同，李嘉诚工作之余很少走进娱乐场所。相较于歌舞厅的灯红酒绿，他更喜欢窝在床上读书。科学、技术、文学、历史、人物传记等，他都喜欢看，而正是这些读物让李嘉诚从一个默默无闻的推销员变成同事和客户口中的“销售专家”。

每当回忆起做销售的那段岁月，李嘉诚都不由地感慨说：“我一生最好的经商锻炼是做推销员，那些海量的文字拓展了我的视野和口才，让我无论面对什么样的人（客户）都能聊成朋友，这是我用 10 亿元也买不来的”。

这个世界没有一蹴而就的成功，也没有不劳而获的捷径，如果有，那也是勤劳博学的积累，智慧与辛勤的结晶。每一个有所成就的销售员，都有一番艰苦卓绝的历程，更有着异于常人的勤奋与努力。

在这个浮躁的时代，销售人员不妨静下心来仔细思索一番，古往今来，有多少大成就者不是勤学多读？李嘉诚读过哪些书，不重要，翻找李嘉诚的书单也不重要。重要的是这种伴随他一生的学习观念和读书态度，而这些带来的知识与见闻使他与客户聊天时游刃有余，并能很好地处理与客户之间的关系。

想要成为行业的金牌销售，我们必须比其他从业者下更多的工夫，并为自己树立以下学习观念。

终身学习的观念

销售人员必须具备学习的意识与观念，还必须具备学习的能力，学习是一个人一生的事，不可能有结束的时候。

随时随地学习的观念

很多销售员工作繁忙，或许并不能专门找出一段时间来学习，面对这样的情况，则可以利用一切碎片时间通过手机进行网上阅读学习。

广泛学习的观念

销售人员不仅要通过书籍学习，更要向市场、对手、他人、朋友、同事、客户进行学习。每个销售员的能力就像电池一样，会随着时间和使用逐渐流失。

正所谓：“没有阅读就没有成长。”想要获取知识和信息，销售人员就要在书本上多花一些心思和实践，唯有不断地学习，不断地充实自己，才能使自己一直跟得上客户的聊天思路。

第4章

围绕客户的痛点聊，让客户产生信赖

“痛点营销”是目前互联网电商平台使用率非常高的一个营销术语。所谓痛点，大多数情况下是指客户在理想状态与现实状态之间的心理落差或不满，客户内心的这种负面情绪就是痛点。生活中，每个人都有属于自己的痛点，但多数人却不清楚自己的痛点在哪儿，身为销售，我们能做的就是帮助客户挖掘痛点，围绕痛点进行聊天，从而找到最好的解决痛点的方式。如果我们所销售的商品可以有效地解决客户的痛点，那客户不选我们还会选谁呢？

认真研究挖掘客户的痛点

很多做销售的朋友总是抱怨客户难聊，其实这只是你没有找对客户的痛点，当客户有了痛点就会有消费的动机，销售业一直流传着这样一句话“客户有多么痛的领悟，你就会有多大的财富”。

客户的痛点，从本质上讲就是他们内心最渴望实现的需求，当这种需求长期得不到满足时，客户内心就会感到难过、失落、焦躁，而这种种负面情绪统称为“痛点”。在市场中有一条原则——客户一切的购买行为都是建立在解决痛点、解决需求上。因此，作为销售人员，想要实现有效沟通，用语言打动客户，就必须掌握客户的痛点。当然，客户的痛点并不是摆在表面，而是需要进行分析和挖掘。那么，如何挖掘客户的痛点呢？

痛点界定

在分析客户的痛点时，我们首先要思考：你期待自己给什么样的客户带来什么价值？满足客户的哪一种最强烈的需求？基于以上的问题，我们可以将痛点主要界定为以下三个方面。

1. 精准客户界定

通过思考，准确清晰地描述你要服务哪一类客户，罗列出客户的基本特征与属性。

2. 核心需求界定

询问自己，客户在什么情况下会买你的产品？你的产品能够满足客户哪一方面或者说哪一种需求？

3. 核心价值界定

你销售的产品的核心优势是什么？你想在产品的哪些方面加大力度向客户推销?

痛点提炼

痛点提炼是痛点挖掘中的核心步骤。基于痛点界定的基础，你需要通过提炼把客户的痛点聚集起来，并想办法解决它。想要彻底解决客户的痛点，我们需要注意做到下面三点。

1. 用有效的产品，满足客户的需求

对于客户而言，他们在购买商品时最在意的是他们掏钱买回来的商品是否能够很好地解决他们的问题或是提升他们的满足感。例如，一位客户的智能手机使用了快三年了，不仅电池储存电量变低，而且还经常出现卡顿的情况，这让他用起来非常不爽。这时，有个手机推销员找到他，劝他花钱购买了一款新上市的手机。新手机不仅电池电量充足，待机时间超长，并且之前的那种卡顿现象也不会发生，新手机让这名客户开心了很久，这就是一个完美解决痛点的案例。所以，我们需要从客户的需求角度出发，来分析我们产品的功能，并找寻适合我们产品的客户人群。

2. 用超值的性价比，敲开客户的心门

当商品能满足客户需求时，此时客户更愿意追求具有更高性价比的商品。无论何时，客户都总是期待能以更低的价格买到更好的产品。这时，面对客户，你有两个选择：一是在与客户的聊天的过程中，你从产品的做工、原料、设计、品牌价值等方面入手进行宣传和说服，让客户认可你的产品价值超出同类产品的价值，愿意花高价进行购买；二是自降产品价格，用低价作为突破口吸引客户的兴趣。这两种方法，只要你能做好其中一点，你的产品销量必然会有所提升。

3. 在相同的性价比下，做到更快发货

很多客户在选择商品时都希望能在第一时间入手商品，他们讨厌等待的过程。试想一下，假如一名客户逛车市时相中了一款汽车，在相同价格相同配置的前提下，一家公司有现车，而另一家公司则需要从其他地方调车，那么站在客户的角度，你认为他会选择哪家公司的汽车进行购买？如果你能在满足客户需求的前提下提高发货效率，则意味着你能够帮客户节省更多的时间，在一定程度上提升了客户的体验，客户开心了，自然而然就会选择你的产品。

痛点检测

通过痛点提炼，将你所挖掘出来的痛点放到市场中去检验，邀请客户体验你的产品和服务，从客户角度再次检验痛点是否成立。

1. 倾听客户的意见

通过问卷调查、客户评论、核心客户一对一交流等方式收集客户的反馈意见，认真倾听重要客户的意见，了解他们使用产品与服务的情况，鼓励客户提出意见与建议。

2. 观察客户购买行为与使用便捷性

客户通过哪些渠道购买？客户在购买时是否便捷？客户在使用过程中碰到了哪些问题，能不能再次提升客户的使用体验？

3. 客户数据分析

结合市场数据，通过深度阅读数据可以发现很多客户需求。你可以收集客户意见、客户评论等，然后找出评论中的关键属性进行数据分析。分析得出的数据可以帮助你更准确地了解和掌握客户的痛点。

一名出色的销售员要十分重视客户的痛点，他们愿意花更多时间去研究客户的痛点，这是他们能够获取客户信任的立足点，也是他们的销售业绩比普通销售的更亮眼的原因之一。他们在与客户的聊天中，往往是痛点挖得越深，商品卖得更好，只有真正从客户的痛点入手，客户才会放心地购买他推销的商品。

敏锐地抓住关键词，然后开聊

诗人杜甫曾在《前出塞》中写道："射人先射马，擒贼先擒王。"凡事只有抓住核心，才能一招制胜。做销售同样如此，只有当销售人员刚好抓住客户的痛点，才能够让客户痛快付钱。然而，想要找出客户的痛点却不是一件简单的事情。很多销售员总能接到一些客户咨询的电话，但这些客户往往只是简单询问几句商品信息后便匆匆挂断电话，就此消失，这让销售员感到有些摸不着头脑，甚至有些抓狂。其实这并不关销售员的事，而是有些客户对自身的痛点定位并不清楚，你又如何指望他们说出自己的需求呢?

对于这类客户，我们应想办法引导他们，只有当他们明确意识到自己的痛点时，才能为我们进一步刺激他的痛点提供良好的时机。

一位潜在客户在微博发了张照片，对比她之前发布的照片，可以看出她的体型在不到一年的时间里走形了。

于是，一位做减肥茶生意的销售员在评论区留言说："小姐姐是不是最近工作太忙了，感到生活压力大？"

客户有些诧异地回复："是啊，你怎么知道？"

销售员继续说："从你日渐丰满的身姿看出来的，我猜你一定是由于工作太忙，没时间去健身房锻炼了。"

客户如实回复说:“身材确实有些发福了,唉,没办法啊。一天到晚都是加班、出差，办的健身卡已经好久没用了。”

销售员安慰道：“女孩子工作忙点也挺好的，毕竟经济独立的女人最迷人。不过还是要多注意身体，女孩子这个年纪是一生最好的时光，还是要好好对自己的，你说是不是？”

客户：“那能有什么办法？放任自己呗。”

销售员：“哈哈，还有大把岁月等着你去放肆呢，怎么能说放弃就放弃呢？我这有一款减肥茶，我身边的朋友包括我也都在用，效果挺不错的，几乎没有副作用。不用运动也能瘦下来，你要不要也尝试一下？”

客户：“啊？真的吗？太好了，给我来点试试。”

这位销售员之所以能在不超过十句话的交流里顺利达成交易，在于他紧紧抓住了女人爱美的特点，并以此作为切入点，了解客户工作忙，没时间健身的痛点，根据客户的情况做出产品的推销。很多时候，销售流程并没有那么复杂，只要你能找到客户的痛点，对症下药，把话说到客户心坎上，客户对你是不会有抗拒心理的！

在与客户聊天的过程中，要善于抓住客户语言中的关键词，这是揣摩客户心理，把话说到点子上的关键。例如，当客户表明自己是一名学生时，作为销售，我们就应该联系到“学生购买力一般”这个点上，因此在接下来推销商品的时候，在有选择的情况下，我们应优先推荐一些价格相对较便宜的商品，然后在观察对方的反应后，再进行下一步的动作。而不是一上来就直接推荐一些高价位的产品，这样很容易让囊中羞涩的学生产生退却心理，不仅没有解决对方的需求，反而还会加重对方心中的痛点。

很多销售员平时在和客户沟通时，常常会犯这样一个错误：一旦有客户询问一个产品，就立即为其介绍这个产品的各种优点，也不管对方反应如何，是否愿意听他解说。这类销售员在业内被戏称为“鳄鱼销售员”，指他们大嘴巴、小耳朵。所谓沟通，是相互的，并不是一个人的演说，在与客户交流时销售员一定要把握好倾听和诉说的比例。只有设法让客户参与进来，你才能了解更多客户的需求和痛点。

痛点是期待与现实的差距，抓住客户的痛点不是一个短期工程，这个过程需要耗费销售员很多心思和时间精力。也只有找到客户的关键痛点时，我们才能对症下药，才能更好地满足客户的需求，从而获得订单。

聊不满和痛苦最容易抓住客户的痛点

在挖掘客户需求时，销售员要多与客户聊他们的不满和痛苦，倾听他们的抱怨与意见，然后帮他们分析原因，这样就很容易抓住客户的痛点。

杰瑞是美国一家电脑应用软件公司的推销员，他最近异常苦闷，虽然他的口才不错，向客户推销产品时讲得头头是道，奈何客户就是不买账。

有一天，结束了一天繁忙工作的杰瑞走进了一家快餐厅，刚刚落座就被邻桌的一家四口吸引了目光：一对夫妻带着两个孩子正在用餐，其中那个长得结实的小男孩一边狼吞虎咽，一边称赞这家快餐店的味道不错；而坐在他旁边的是一个瘦弱的小女孩，她一脸嫌弃地用叉子拨弄着面前的沙拉，无论父母如何劝说，她就是不肯吃，搞得那对夫妇一点办法也没有。

正在夫妻一筹莫展之时，餐厅里正在收拾餐具的服务员走到那个小女孩面前，凑近她的耳朵悄悄地说了一句话。就在服务员转身离开的一刹那，让人惊讶的一幕出现了，那个挑食的女孩居然大口大口地吃起了沙拉，还一边吃一边斜视着旁边的小男孩。

杰瑞十分好奇，于是趁着给小费的时候，他悄悄地询问了服务员刚才究竟施展了什么样的“魔法”。服务员微微一笑，一脸神秘地说：“我只对她说了一句话，‘平时你哥哥是不是总欺负你呀？如果是的话，你就多吃蔬菜补充营养，等你变得和他一样有力气了，他还敢欺负你吗？’”

杰瑞听完如醍醐灌顶般彻悟，他终于明白自己在工作中哪里做得不对了。第二天，杰瑞胸有成竹地拜访了一家纺织企业的采购部经理，面对着经理，他不再像以往那样滔滔不绝地推销产品，而是如老朋友间聊天似的问道：“贵公司目前最关心的是什么？有什么烦恼的事能和我说说吗？”

采购部经理叹了口气说：“目前我们最头痛的问题是，如何减少库存、确认准确数量，提升生产效率。”

杰瑞点了点头说：“确实是这样，您的库存越多，您所花费的人力、物力就会越多，如此一天多一点，一月多一点，一两年之后可就是大数目了。但这样的问题是很容易解决的，现在我就马上赶回公司，让公司的软件设计师们专门为贵公司设计一套软件，看看应该如何管理和减少存货，增加生产效率。您意下如何？”

采购部经理先是愣了一下，随即笑道：“如果你们公司真的能开发出我们所需要的软件，那当然好啦。”

一周后，杰瑞再度拜访那位采购部经理时，一边出示那套方案资料，一边热情地介绍道：“先生，这就是我们公司几位核心软件设计师专门为贵公司设计的一套软件。我相信，只要用了这套软件，您目前的苦恼就会消失了。”

那位采购部经理在杰瑞的指导下在自己的电脑上安装了这套软件，在试用了一阵之后，立刻喜上眉梢：“这太好了！你先将资料留下，我要向老板报告，我们肯定会购买这套电脑软件的。”后来，这家公司果然买下了杰瑞公司的这套软件，而且还给他介绍了很多新客户。

杰瑞之前的失败，就在于他不懂客户真正需要的是什么，或者换一种说法，他没能真正搞懂客户的“真正痛苦”在哪里。

倾听和整理分析客户的不满和痛苦，这些看似不太美好的东西恰恰就是客户烦恼的根源，这就是痛点中的一种。将这些不满和痛苦分析提炼总结出来，尽最大努力帮助客户解决，满足客户对使用产品的心理快感，让他们远离困扰，带来的自然是客户的信任以及源源不断的订单。

放大痛点，让客户产生规避的心理

客户的某些痛点，并不是非解决不可。这种初级痛点更多的是消费者的潜在需求，客户不一定想去解决，在销售沟通中，销售人员如何将这种痛点放大到客户非解决不可的程度是一门学问。

陈静是某商场的美妆导购。在商场工作的四年间，她接待了数万名消费者的咨询。对于如何捕捉对方话语中隐含的一丝信息，她可以称得上是半个专家。

有一次，陈静接待了一位客户。客户一见面就问“刚进职场应该用什么样的化妆品”的问题。

这时候，陈静基本可以判断出这名客户之前肯定很少化妆，再加上知道对方刚进入职场，于是她决定从淡妆方面入手，在讲解知识的过程中推销商品。陈静稍稍思考了一下，随后直接站在客户的角度回答了她的疑惑：“不知道贵公司在装束方面有没有明文规定？如果没有的话，商务人员只需要化淡妆就行。淡妆不仅是对他人的一种尊重，同时也能给人一种简约、清丽的感觉。我的很多老客都在大企业上班，有些企业虽然表面上不管员工的装束，但其实多数女员工在日常工作中都会化点淡妆。我听说，企业里不太注重形象，每天素面朝天就到公司上班的人，无论是工资还是职位，都增长得很慢。”

陈静的话立刻让客户感到有些忧虑。客户再次开口时，语气中竟带着几丝焦虑：“啊？可是我不太会化妆，那该怎么办啊？”

见客户的情绪被自己调动起来，陈静忽然话锋一转，说：“你也不必太过担心，因为淡妆是所有化妆方法里最好学的一种。正巧我们公司最近在 ×× 短视频平台注册了一个企业账号，每天都会分享一些有关化妆的知识和技术，即便是从来没有接触过化妆品的小白，也能跟着视频教程快速学会化妆。你手机也有 ×× 短视频的 App 吧？如果有的话，你可以关注一下。”

在帮助客户操作手机关注企业账号后，见气氛烘托得差不多了，陈静适时开始介绍起了产品：“为了配合短视频平台企业账号发布的化妆教程，我们公司最近还上线了一个组合套装，像隔离霜、粉底液、散粉这些基础的化妆品都有，同时海绵、粉扑、眉笔、眼影棒这些化妆工具也都随礼包免费赠送，这个组合装很适合刚学化妆的新手，价格也不贵，只要 299 元。毕竟刚开始学化妆，谁也不想用太贵的化妆品，怕浪费不是？”

陈静一边说一边从柜台里拿出了这款组合套装，客户没有丝毫犹豫，爽快地付款走人了。

陈静的话术既放大了客户对于不懂化妆的痛点，同时又安抚了客户的情绪，让其不要过于担忧，只要有空看自己公司创作的化妆教程就能轻松学会化妆方法。陈静三言两语就达到了目的，完成了一次推销，而且如果客户愿意投入时间学习化妆，那么未来客户回购化妆品的概率也会很大。

很多客户眼中只关注一直困扰自己的大问题，而对身边发生的小问题并不上心，而销售人员要做的就是挖掘出这些小问题的严重后果，最终让客户不得不产生想要解决的想法。因此，销售人员在聊天中需要加入一些销售技巧，例如放大客户的痛点，只要用户的问题越大，他们想要解决问题的需求也就越高，同时愿意支付的价格也就越高。这也从侧面说明了为什么很少有人在正规医院讨价还价，医院要求患者支付多少钱，患者就会乖乖支付多少钱，因为患者的痛点是显而易见的。

放大用户痛点，作为一种商业销售模式而言是没有问题的，但作为销售员我们要慎重考虑清楚一个问题：我们到底能不能帮助客户真正解决问题。如果思考的答案是肯定的，那么可以毫无顾虑地运用痛点营销，但如果得到的答案是否定的，那么最好不要再围绕客户痛点进行深入交流了，以免当客户发现自己所购买的商品无法有效解决自己的痛点时，双方发生不必要的冲突。

针对客户新痛点，及时调整销售思路

飞速发展的社会，客户的需求和痛点都在不断变化着。很多过去被人们“想当然”认为是痛点的属性，很快可能就不再是痛点，而这时在大多数销售员聚焦于“曾经的痛点”时，如果你挖掘到了客户的新痛点，就很有可能可以实现快速成交。

很多销售员的思维是“基于客户原有的问题,我的解决方案是对的吗”？“如何比别人更好地提高性能？”而寻找客户痛点则是要考虑“我是否提出了正确的问题”？“降低价格是不是一个好方法？如果不是，应该提出什么新的方案？”

因此，销售人员寻找用户痛点的过程，往往意味着“提出新的问题”，而不是“在原有的问题上继续提出解决方案”。消费者的内心就好像冰山一样，很多时候，你能轻易观察到的只是冰面；而真实动机则深藏在冰面之下。所以，当客户对你所提出的方案不感兴趣时，你要反思是否是自己的销售思路出现了偏差，然后及时调整销售思路，试着换一种角度进行销售。

在销售行业，流传着一个“卖梳子给和尚”的经典营销案例，案例中的两名销售员就是凭借着自己的观察力和找寻客户痛点的能力不断向寺院销售出木梳。

从前，有两名推销梳子的推销员，他们每天的工作就是走街串巷，向他们遇到的每一个人推销梳子。有一天，两人结伴出行，走着走着竟然走到了一处寺庙。看着寺庙里一个个“锃光瓦亮”的光头，销售员甲有些泄气地说：“唉，全是和尚，这怎么卖梳子呀？”于是，他想拉着销售员乙离开。

销售员乙却抱着“来都来了”的心态，想要试一试。于是，他让销售员甲等他一会儿，随后他径直走进了寺院，内心盘算着一会儿该怎么说。

等见到方丈时，销售员乙已经想好了说辞。他对寺庙的方丈厉声说道：“方丈，您身为寺院主持，可知做了一件对佛祖大不敬的事情吗？”

方丈闻言，诧异不已，急忙诚惶诚恐地问道：“敢问施主，老衲何错之有？”

“每天这么多的香客不辞辛苦，长途跋涉而来，只为拜佛求愿。但他们来到寺庙时正如现在的我一样，蓬头垢面，如此拜佛，实为对佛祖之大不敬，而您身为寺院主持，却对此视而不见，难道没有失礼吗？”

方丈一听，顿时惭愧万分：“阿弥陀佛，请问施主有何高见？”

“方丈勿急，此乃小事一桩，待香客们赶至贵院，只需您安排盥洗间一处，备上几把木梳，令香客们梳洗完毕，干干净净、清清爽爽拜佛即可！”

“多谢施主高见，老衲会尽快安排人下山购买梳子。”

“不用这么麻烦，大师，在下已为您备好了一批梳子，低价给您，也算是我对佛祖尽点心意吧！”

于是，方丈在销售员乙的手中购买了十把梳子。

成交后，销售员乙愉快地离开了寺庙。在外面等候的销售员甲有些疑惑地问：“什么事情这么高兴？别告诉我，你真的把梳子卖给和尚了。”

“哈哈，的确是卖给他们了，不过不多，就卖了十把而已。”

“什么！十把梳子？卖给了和尚？”销售员甲有些不敢相信，“你没逗我吧？跟和尚推销梳子，他不揍你就算我佛慈悲了，你究竟是怎么做到的？”

销售员乙一边走一边把自己的推销过程告诉了销售员甲。听完之后，销售员甲立即豁然开朗，一边嘴上说着佩服，一边在脑海中酝酿着新的销售计划。

当天晚上，销售员甲便与梳子店老板商量，赶制了100把梳子，并在每把梳子上都画了一个憨态可掬的小和尚，同时署上了寺院的名字。

几天后，销售员甲带着这100把特制的梳子来到了寺院。找到方丈后，他深施一礼，道：“方丈，作为得道高僧，您是否想过振兴佛门，让我们的寺院名声远播、香火更盛呢？”

“阿弥陀佛，当然愿意。不过，说来惭愧，出家人每天要敲钟念佛，没有那么多心思和时间去宣扬佛法，不知施主有何高见？”

销售员甲清了清嗓子说道，“高见是没有，可据我调查，此地方圆百里以内共有五处寺庙，每处寺庙均有良好的服务，可谓竞争激烈啊！像贵院前几日所安排的香客梳洗服务，别的寺庙早在半年前就有了，要想让香火更盛，名声更大，我们还要为香客多做一些别人没做的事情！”

“那么，请问施主，我院能为香客们多做些什么呢？”方丈有些不解地问道。

“方丈，你想呀！香客们来也匆匆，去也匆匆，如果能让他们空手而来，有获而走，岂不妙哉？”

“阿弥陀佛，施主说得有理，可本寺又有何物可赠呢？”

“方丈，在下为贵院量身定做了100把精致工艺梳，每把梳子上均有贵院字号，并画上了一名可爱的小和尚，拜佛香客中不乏达官显贵，豪绅名流，临别以梳子一把相赠，一来高僧赠梳，别有深意，二来他们获得此极具纪念价值的工艺梳，更感寺院服务之细微，如此口碑相传，很快可让贵院名声远播，便会有更多的人慕名前来求梳，香火岂不愈加旺盛呢？”

方丈听后，频频点头，销售员甲以更高的价格卖给了方丈100把特制的梳子。

销售员甲当天回去请销售员乙喝酒，他把自己今天的推销事情向同伴炫耀了一番。销售员乙听完默不作声，喝光了酒杯里的酒后便告辞离开了。销售员乙没有回家睡觉，而是找到梳子店老板密谈，一个月后的某天清晨，销售员乙带了1000 把梳子拜见方丈。销售员乙先问了方丈之前购买的梳子的赠送情况，看到方丈对以往的合作感到非常满意后，便话锋一转，深施一礼，道："方丈，在下今天要帮您做一件功德无量的大好事！"

待方丈询问原因后，销售员乙便和方丈解释道："寺院年久失修，诸多佛像已破旧不堪，重修寺院、重塑佛像金身已成为您的夙愿，然则无钱难以铭志，如何让寺院在您有生之年获得大笔资助呢？"销售员乙拿出自己精心准备的 1000 把梳子，分成了两组，其中一组梳子写有"功德梳"，另一组写有"智慧梳"，比起以前方丈所买的梳子，更显精致大方。销售员乙向方丈建议，在寺院大堂内贴有如下告示"凡来本院香客，如捐助 10 元善款，可获高僧所赠的智慧梳一把；如捐助 20 元善款，可获方丈亲自开光的功德梳一把"，如此一来，用不了多久，修缮寺庙的梦想便可成真，岂不功德无量。

销售员乙讲得兴致勃勃，方丈听得心花怒放，二人一拍即合，当即达成合作意向，除了方丈购下眼前的这 1000 把梳子以外，还与销售员乙签订了长期供货协议。

销售业有句名言："要么创新，要么死亡。"这并不是一种夸大其词的恐吓。作为销售员，如果没有标新立异的精神和独树一帜的追求，没有打破陈旧的思路和固定的模式，只是一味地因循守旧，不能创造性和批判性地进行发展，是很难有所成就的。

很多销售员虽然每天都在拼命地预约、讲解、讨好客户，跑断了腿、磨破了嘴，可客户就是不买账。究其原因，其实就是分析、判断、解决需求有了偏差，客户的痛点得不到满足，因此销售的目标就很难达成。如果销售员在推销受阻时能另辟蹊径，迅速调整自己的心态和销售计划，那么肯定能比多数销售人员收获到更多的收益。

第5章

聊出产品的价值，撩起客户购买的欲望

提炼产品差异化，打造产品价值，是销售员每天都在努力去做的事情，如何让产品卖得更多，卖得更贵？这是所有销售员需要认真思考的问题。销售业有句名言“价值决定价格”，当你能够向客户证明产品的价值，让对方蠢蠢欲动时，你就已经成功了一半。接下来，你只需继续做好跟进工作，就能轻易拿下订单。

通过聊天，给客户一个购买的理由

作为销售人员，如果你坚定地认为“我所销售的产品是同行业里最好的，我的服务也是一流的，客户就应该毫不犹豫地选择我的商品”，那真遗憾，即使你这种认识是客观的，可事实上你所坚持的这个理由很难成为客户签单的关键，甚至会阻碍你成功签单。正确的做法是：通过聊天，给客户一个购买的理由。也就是说，不要对客户说产品有多么好，而是要告诉客户他有多么需要这个产品。

在电影《爱情呼叫转移》中，一名售楼小姐在推销楼盘时，不断地介绍自己的楼盘有多好，“空间宽敞”“精装修”“奉送家具”“优美园艺”，结果却都被顾客以“傍名牌”“掩瑕疵”“面子工程”等回应挡了下来。

与之相比，另外一种售楼方式显然更受欢迎。一位客户到了售楼部，售楼小姐没有先夸奖自己的楼房格局是多么合理，环境是多么优美，而是先问您家里有几口人，孩子多大了，有没有老人一起住等。客户说，孩子 4 岁了，和孩子的爷爷奶奶一起住。这时，售楼小姐才会娓娓道来，她们的楼盘周围有幼儿园，附近还有一个非常不错的小学。同时，小区里有一个花园，空气好，还有健身器材，老人可以带孩子遛弯。

在销售中，一流的销售人员不会总把焦点放在商品的优势上，而是选择旁敲侧击地告诉客户，商品会给客户带来哪些好处。

美国公认的“销售大王”金克拉曾说：“不论你卖什么，你都要想办法让你的潜在客户知道，买下它比不买它要划算。”销售人员要明白，客户最感兴趣及最关心的往往不是商品本身，而是销售人员提供的商品或服务能够给他带来哪些好处。客户购买产品，多数是出于需求，但如果你仅仅是为了满足他们的需求，而不能让他们体会到你提供给他们的额外好处,他们通常会选择“再去别家看看”。作为销售人员，你要让客户意识到拥有你的产品会给他带来什么好处，甚至你提供的好处让他感到意外。到了这一步，他们就不会再从心理上拒绝你，而是期望你能把产品给他们带来的好处讲得更详细一些。

聊客户获得产品后的使用情景

作为销售员，你的职责并不仅仅是傻坐在办公室里接待客户，而是要走出去不断地向更多人推销你的产品，如何让潜在的客户对你所销售的产品感兴趣，从而愿意购买是每个初级销售员迫切需要关注的问题。

随着信息化社会的来临，越来越多的销售人员在做好线下营销的同时，纷纷开始将目光转向网络营销。如果仔细观察，我们不难发现，很多线上卖得好的店铺在介绍产品时都喜欢用高清组图的形式来进行展示。

在那些型男靓女出镜的图片中，他们往往选择风景优美的旅游胜地作为背景，戴着为厂家代言的手表，摆出一个个帅气靓丽的姿势，唯美的画面让人不免多看几眼。

他们所佩戴的手表往往价格不菲，但销量却很高，这是什么原因呢？是客户的消费水平突然上涨了吗？还是客户的口味发生了转变？其实都不是。只是在这种购物的“场景”下，消费者离自己心中的完美生活又近了一步。那些在网红电商里消费的用户，大部分用户并不是真的需要这件商品，而是在卖家精心设计的展示场景下，用户感受到只要用上了这些商品，就能过上图片里主角的生活。

日本某品牌服装在竞争对手的冲击下销量逐年下降，为了改变这一现象，这家服装公司花费高价请到一位当红的艺人进行代言，这位艺人穿着该公司设计生产的服装的照片被贴在所有的店铺中，一时间吸引了无数的消费者。

作为销售，我们要明白一点，并不是很多人没有合适的衣服穿才去这家服装公司的店面购买衣物，而是被店铺里明星精致的生活照所吸引。在某个瞬间，这些人觉得自己只要穿上了这件衣服，也能像明星一样，行走在东京黄昏的街头，做一个高知、高质的男人。很多消费者喜欢的并不是产品，而是产品所在的场景，一个好的场景能让用户完成自我表达的愿望，并得到内心的认同。

让客户感受到产品的使用情景并不是最近几年才流行的营销手法和概念，早在 1000 多年前，曹操在“望梅止渴”的故事中就完美运用了情景幻想这一手段，让饥渴难耐的士兵幻想前方的梅林，进而达到了快速行军的目的。

不可否认，产品的实用性、便利性、特色、设计和价格等方面是销售员在销售产品时应该介绍的重点，但真正关键的乃是能否引导客户描绘出使用该产品所能产生的“愿景”，因为客户所购买的以及他所关注的焦点大部分是价值，而不是价格。他们想购买的是一种价值，一种内心期待的利益。因此你要让客户去想象买了这件产品或服务能带给他什么样的好处或利益，让客户去想象使用了这个产品之后自己生活的改变。

例如，在销售汽车时，销售人员可以让客户想象一下拥有这辆车之后的生活：他可以载着正在追求的女生一同出游，可以在生意谈判时拥有更足的底气，车子的作用不仅仅是代步工具，同时也能代表一个人的品位和格调，代表他的事业和成就。这些好处都是有车一族才能清晰地体验到的。

在推销时，我们可以尝试着将使用产品的情景放到销售中，把产品介绍与客户的实际、生活、工作场景结合起来谈。在客户熟悉的情景中，他们会对你所销售的产品或方案拥有更加直观的理解，也更容易接受你所推销的产品。

那么，场景介绍法如何运用？其实很简单，你只需要以下几个步骤便可实现：

第一步，从你的产品的一个特定功能开始，然后描述潜在客户可能遇到的需要此功能的情景，接着构思出一些问题，这些问题能够帮助销售人员确定客户有可能需要或使用它。

第二步，情景介绍时，你要让客户分析自身情况，让他清楚在什么情况下他会使用到该产品，以及这款产品会为他带来怎样的体验。

第三步，尽可能地让客户多停留在他们想象中的空间里感受商品为他们带来的方便。

如果销售员能做到以上三点，并且成功激发客户的情绪，那么恭喜你，距离这一单的成交近在咫尺。

聊产品要重视数据，不要用过多形容词

假如你去农贸市场买肉，销售肉类的摊贩只是不停地告诉你“我家的肉都是新鲜的，口感好”，这会增加你的购买欲吗？想必这句话对你造成的影响微乎其微。原因就是他所说的东西是显而易见的，是每一个顾客都能看在眼里的，因而它不能影响顾客的判断，故而也不会对销售起到促进作用。如果销售员能够更加

深层次地提供更多的数据信息，比如肉的产地，经过什么样的检测，近期销量等，那么这些顾客并不清楚的信息一旦符合了客户的需求，就会促使顾客下定决心去购买。可见，掌握更多的产品数据信息对于促进销售是非常重要的。

在信息越来越发达的社会中，了解一款产品的相关信息是非常容易的。因此，客户对于自己将要购买的产品都有着一定的理解。所以，客户更倾向于和那些能够专业地解答其问题、满足其需求的人打交道。销售员是产品销售的媒介，也就等于是产品的“发言人”，因而销售人员要把自己当成“产品”，只有这样，才能对产品有很深的了解。

一些销售人员认为涉及产品的数据并不重要，无须记忆，面对客户时只需要多吹捧几句产品的好就可以了，然而事实并非如此。想要成为一名受欢迎的销售，有些书面数据材料是必须要有的，比如产品的合格证、检验材料、说明书和广告代言人等，这些东西都需要告诉客户，而不是和客户说“我认为不错”“我觉得还行”这种空话。

一对小情侣来到中关村的一家电脑店买电脑。

销售经理十分热情地迎了上去：“先生你好，来看看我们的电脑，您想要什么配置的？”

青年男子没有接话，而是扫了一眼柜台上的电脑主机，开口询问：“你们店销售的这个牌子是不是不太出名啊？好像没听说过。”

销售经理笑着说：“我们从 2000 年就开始做电脑生意了，我们这个品牌是国内的知名品牌，获得过好几次‘中关村电脑节’十大知名品牌的荣誉。”

这时，那名女生说：“哦，是吗？我还是觉得联想、方正、戴尔这些品牌电脑好，毕竟人家是名牌，我觉得质量更有保障。”

销售经理解释说：“小姑娘，你这就有所不知了，现在电脑这东西除了外壳不同，其他东西像 CPU、内存、主板、硬盘跟我们的电脑一样，都不是自己生产的。买品牌机就是买服务，我们是北京的公司，本地服务能力突出，随时能为你提供服务。”

青年男子有些犹豫，最终他还是开口道："之前我同学就在中关村电脑城买过一台电脑，他买的时候卖家给承诺了一大堆的售后服务，可是真到电脑出现问题时，卖家也不认账了。"

销售经理连忙摆手说："我们店开了十多年了，一直都是诚信经营，售后保证没问题。你的担心在我这里是多余的，更何况我们电脑的质量也有保证，不容易坏，而且相同配置下，我们的电脑也比你们说的那些品牌便宜。"

男孩刚想开口，却被女生抢先道："我们还是先转转吧，一会儿再过来。"

其实，客户在购买商品的过程中，喜欢看一些实实在在说明问题的数据，而不是说一些空话。客户对待售后服务也是这样，如果销售人员拿不出切切实实的数据，客户是不会相信的。只有把数据证明拿出来，证明了售后服务确实还不错，才能打消客户的这个顾虑。

作为销售人员，我们要注重哪些产品数据信息呢？

产品及生产厂家的名称

一个销售人员如果连自己所销售产品的名称都搞错的话，那真的是要贻笑大方了。产品名称包括产品的品牌、生产厂家等具体信息。

产品的物理特性

包括材料构成、质地、规格、型号、美感、颜色和包装等，这些都是产品的外在表现，销售人员要能够以专业的语言进行描述。

功能

这是非常重要的内容，功能也就是产品的使用价值，是客户购买时最关注的事实。商品功能能否满足客户的需求是影响客户是否购买产品的最重要的因素。销售人员要对商品的功能进行科学、合理的概括，提炼出商品的核心价值和竞争优势。

科技含量和技术特征

高科技意味着高质量，因而人们总是比较青睐于科技含量高的产品，因此，销售人员一定要对产品生产所使用的科技与工艺了如指掌。

现如今，很多客户都喜欢从专业的角度去分析产品，他们更愿意相信产品的各种数据。因此，销售员在推销产品时，最好能够拿出真实的数据从而打消客户的疑虑，用真诚的态度和货真价实的商品来接受客户的检验。

夸大或吹牛是聊产品的禁忌

很多时候，一些推销员为了让顾客接受自己推销的产品，往往会在不同程度夸大产品的功效。这些推销员原以为这样会让顾客对自己的产品感兴趣，会因此而产生购买行为，这种做法确实能够在一定程度上为推销员带来几张订单，但长此以往，会令很多老客户感到厌烦，甚至对推销员的人品产生怀疑。

美国有一家私人诊所的医生一直都使用某家药厂的药品，可是有一天突然宣布自己以后不会再使用那家药厂的任何药品。药厂厂长感到非常困惑，于是他致电医生询问情况。

接到药厂厂长的来电，该医生在电话中忍不住吐槽：“昨天你们厂给我送药的销售口气太大了，他说你们厂出品的哮喘药能治愈所有的哮喘病人。真是大言不惭，有些病人用了这个药效果并不好。”说罢，医生愤怒地挂断了电话。

旁边的助手问道：“这种药真的有你所说的那么差吗？”

医生摇了摇头解释说："也并非如此，就解除症状而言，它确实是蛮有效的，但是哮喘是很难根治的，有太多的因素会使它发作，心理受到影响也可能是发作的因素之一。而那位推销员的口气实在是太大了，这样吹牛的人怎能让人相信呢？如果他对我说：'医生，在病人不知情的情况下所作的大规模实验显示，这种药物对80%的哮喘患者能有效减轻症状。'我就会阅读那份报告，并增加处方量。老实说，那还算是不错的产品，但是为什么他要向我过度吹嘘呢？"

夸大事实，乱吹牛的人，只会像这位药品推销员一样，被客户毫不客气地拒绝。可是，很多推销员经常会犯这样的错误，他们在向客户介绍产品时恨不得把什么都说成是完美无缺的。事实上，再好的产品也会有一定的缺点。在信息时代，很多客户已经不会只听推销员的一面之词了，而是会自己进行考察后再做选择。作为推销员，应该以诚为上，客观严谨地介绍商品的每一种功能和功效。过分夸大某种商品的好处，往往让人产生一种"被骗"的感觉，或许你能骗得了一时，但总会有被发现的一天。

美国营销大师赫克金曾说过这样一句话："要想成为一名好的推销员，首先要做一个好人。"他所谓的"做一个好人"，就是指做一个正直诚信的人。诚实守信是每个销售精英的营销之本，也是赢得顾客最有效、最永久的方法。作为一名推销员，没有必要为自己推销的产品存在一些缺点而犯愁，从而在客户面前想方设法地掩盖这些缺点，这种行为恰恰是优秀的推销员所忌讳的。老练的推销员通常会坦率地承认自己所推销的产品尚有某些不尽如人意的地方，但更相信产品的优点会让客户忽视甚至忘掉这些缺点，从而做出购买的决定。

很多企业始终要求营销人员在销售活动中以严谨务实的态度和认真负责的精神介绍产品、服务顾客，不允许对产品的性能做夸大、失实或引人误解的虚假宣传。在公司看来，营销人员进行销售活动的根本，在于通过销售活动建立起个人的诚信体系，培育与顾客之间良好的互信关系，以此获得持久稳定的经济效益。因此，销售成交固然重要，但达成成交的方式更加重要。只有用心经营，诚信销售，才能避免"一锤子买卖"，建立起忠实的顾客群体。

聊自己使用产品的体会

一般来说，客户不管对什么样的销售人员、什么样的商品都会不自觉地保持一种怀疑心理，没有一位客户会因为销售人员的几句简单的解说，就决定购买商品，特别是对于那些价格昂贵的商品，他们更会小心谨慎，他们更需要一些使用过该商品的人来“现身说法”。

在销售中，销售员讲述使用商品的亲身体会更具有感染力。销售者要清楚一点，客户其实是希望听到销售人员或者商家与产品之间有什么故事的，因为讲故事的人亲身经历了这些事情，那么有关这个故事和商品之间的一切联系、一切内容都很有可能就是真实的。对消费者来说，这些“有可能真实”的故事是非常具有说服力的。

有个人头昏脑热，疼痛难忍，于是就去中医馆看病。老中医对其进行望闻问切后，十分肯定地认为患者应该服用中药，便说：“我说小伙子啊，你这个病不轻啊，还好你遇见了我。你这病用那些西医的方式是治不好的，你敢让他们对你的脑袋开刀吗？而且开刀了也不见得管用，还是吃中药的风险小，你知道吗？大清皇帝也和你有一样的病症，他就是服用我祖上的这个药方治好的。放心吧，错不了。一般的头疼病患者过来，我都是推荐他们服用这种药，这可是正宗的皇家药物啊！”

这名患者听老中医说得头头是道，于是被勾起了兴趣想要尝试一下，可又觉得他的话好像并不那么靠谱，而且这种药也未必适合自己，所以他决定再去其他地方看看。

这一次，他来到另一家中医馆，经过诊断，医生很快就开出了一张药方。“先生，您的病情和我不久前接触的几位患者非常相似，你们的头疼病发作都和脾胃虚寒有所关联，这种病症在西医那儿不太容易检查出来。但其实，这种病在我国很常见，我上个月刚接触了一个和你具有相同病症的患者，对方一直都没有得到正确的治疗，最后导致越来越严重，发作的时候恨不得用头撞墙。不过服用中药后，他这周来复诊时和我说自己的头疼已经好多了。”这位患者当即决定听从这位医生的建议，购买了几服中药。

为什么同样是中医，第一个中医的“皇家药物”卖不出去，而第二个中医的药物没有任何渲染和传奇色彩，却博得了患者的心呢？原因在于支撑整个故事的人物有所不同，皇帝的事情听起来固然很“高大上”，而且让皇帝来代言中药，的确可以增加药物的知名度。但在整个故事中，高高在上的皇帝不具备太大的说服力，虽然药物并不因人的身份和地位而改变，但是对于买药的人来说，他们会忍不住这样去想：“皇帝服用的药适合我吗？这真的是皇帝的药方吗？”这种疑惑会慢慢摧毁他们对药物价值的肯定。

而第二个中医则非常明智地讲述了一个自己经历过的病患案例，这个故事的最大优势就在于这是医生自己经历过的，而且也确实有疗效，因此，当医生现身说法的时候，患者会认为这是可信的，因此医生在推销自己的中药时会显得更加高效。

以上这个案例其实涉及了一个销售中最基本的概念——亲身经历。这是销售者在讲述销售案例中一个非常重要的元素。就像那些出色的演说家一样，他们通常不喜欢拿别人做例子，尽管出于尊重有时候他们会选择用别人的成功来激励听众，但是很难想象比尔·盖茨在面对客户的时候，会整天将巴菲特或者马克·扎克伯格的成功故事挂在嘴上。这就是一个心理战术，他们总是习惯说“我上次怎么样了”“在过去，我怎么样”，因为这是吸引对方最好的方式。

无论如何，亲身经历的事情会让故事变得更加吸引人，而且当一个故事中有演说者自己的影子和经历时，整个故事的影响力会变得更大，其拥有的价值也会更高。销售人员讲述案例时不仅要有说服力，同时还应具备感染力，这是亲身经历的人具备的一个优势，而原因就在于亲身经历的人在讲述自身故事的时候会表现出更多的情感和个性化的特征。那些能够将自己的经历与产品完美结合起来的销售人员，在讲故事的过程中，会不自觉地表现出一些丰富的情感色彩，而且由于主观意愿比较强烈，个性化的形象尤为突出，这远比第三者叙述的形象要更为立体、更为全面，也更加丰满。

适当地聊聊产品的局限性或缺点

在销售过程中，很多推销员都会不自觉地夸赞自己产品的质量是如何好、如何过硬，王婆卖瓜，自卖自夸。想想也是，有谁愿意说出产品的缺陷呢？刻意掩盖产品的不足，夸大产品的优势，早已成为一种业界共性。

然而，金无足赤，人无完人。我们都知道，任何产品不可避免地会出现或多或少的一些问题。作为销售人员，为了取得客户的信任，购买产品，强调产品的质量无可厚非，然而，有时我们适当地承认产品的某些不足之处，反而会取得意想不到的效果。

客户张先生在网上看中了小刘的工厂生产的一款针织提花布面料，通过简单的交流后，确认客户需要找的这款面料仓库有现货，于是小刘做了报价单传真过去，客户对于价格也比较满意，说第二天来厂里看货。先小批量购买一些，如果产品确实没问题的话，再大批量采购。

第二天一大早，刚开始上班，客人就到厂里了。客人说："因为这批货要得比较急，虽然花型有一定的差别，我们还是选择了你们能够提供的现货，刘先生，货的质量怎么样？"小刘回答："这批货是我们一家合作了好多年的老客户做的订单，用于出口美国，可达到欧美标准，但是，因为是涤纶加光丝做的，所以，偶尔会有钩丝的情况，大概平均下来一条布有两到三处吧，你看下能不能接受？"这时，仓库人员已经把几条布样拿出来了，一去查布机检查，果然四条布中有两条出现了钩丝情况，但这对面料的使用并没有带来明显的影响。

回到办公室，客户面带微笑地对小刘说："本来我们这次过来只打算先带样布过去试样的，但是，刘先生，因为你的诚实打动了我，我相信质量一定是没问题的，这批货要得比较急，等一下我让车过来直接把货带到广州。希望我们以后能有更多的机会合作！"

日本一位靠销售业白手起家的富豪曾说："优秀的销售代表必须为产品说实话，他必须承认，产品既有优点也有不足的地方。"但是在销售中，为了尽快实现成交，一些销售人员会把产品的优势说得天花乱坠，却百般掩饰和隐瞒产品固有的缺点和不足。这种销售方式并不值得我们学习，因为一旦客户发现真相，即使销售人员做多少解释，都很难挽回客户的信任。

当然，要承认产品的不足并非简简单单地将所有问题都罗列在客户面前。在销售过程当中固然要对客户保持诚信、勇敢地正视产品的不足，但是这也需要讲究一定的技巧。有时，尽管销售人员已经将产品的所有真实信息都坦诚给客户，但是客户仍然认为你讲的话有水分；还有一些时候，当销售人员冒冒失失地将产品的某些缺陷告诉客户的时候，客户会因为接受不了这些缺陷而放弃购买。掌握一定的技巧，不仅可以使客户对你及你所销售的产品更加信赖，而且还可以更加有效地说服客户，使客户产生更加积极的反应。

不过销售人员需要注意一点，在告诉客户真相时，并不是要在任何情况下、对任何事情都要实话实说。有些问题销售员虽然可以说，但也不能一股脑全部抛出；而有些问题则是销售员不能如实说出的，例如产品的底价和商业机密等。

第6章

一边聊一边巧妙提问，化解客户的疑虑

有些时候，客户拒绝推销人员，是因为他们对于商品还心存疑虑。作为推销员，我们有必要通过不断提问来弄清对方的疑虑来自何处，如果你能帮助客户化解这些困扰他们的疑惑和顾虑，那么，你的销售就会变得易如反掌。一个优秀的销售人员，懂得通过提问让客户尽量发表真实的想法，挖掘出客户隐藏的需求，化解客户的疑虑。

聊天掌控主动权的利器——提问

在销售领域，有一条非常实用的沟通定律——“提问者掌握交流主动权”。很多销售员都会运用这个方法，通过提问，将聊天的内容引向一个特定的方向。例如，快餐店店员在面对消费者时，通常会问：“想吃点什么？”在这样的问题之下，消费者通常会把自己想吃的食物或是口味列举出来，而店员就会从中知晓消费者想吃什么，或是根据对方的口味进行介绍和推荐。

通常在聊天的过程中，回答的一方往往会处于弱势。比如，当一位顾客询问商品能否打折的时候，如果这时候销售员说：“不好意思，公司有统一的商品定价，这不是我们说了算的。但由于您是我们公司的会员，因此按照规定，我可以给您一些其他的优惠，比如 100 元代金券或者送您一套茶具，您更喜欢哪个？”原本，客户只是想咨询打折的问题，希望销售能给自己一些价格上的优惠，但销售员却通过一个选择性的提问，紧紧地抓住客户，不管客户回答喜欢哪一个，只要他做出回答，就已经默认购买了。在销售聊天中，销售员适当地提问不仅能够控制谈话的节奏和方向，还能够准确地抓住问题之所在，并很快找到可能的解决办法。

那么，如何在聊天的过程中适时抛出提问来引导你的客户呢？最简单最直接的方法是我们可以先陈述一个事实，然后再针对这个事实进行提问，从而在对方的回复中了解到关键信息。这当中需要销售人员掌握一定的提问技巧，想要客户乐于回答我们所提出的问题，我们就必须在提问方式上做点什么。比如当客户咨询某件商品时，我们首先要对自己的商品进行肯定，使用正面性用语，让客户知道我们的产品是“销量很好，很受人欢迎的”，随后在介绍产品时对客户进行劝导性说法——“这件商品的型号很多，不知您想要哪一款，不过既然是家用的话，我觉得小型号的就足够了，您认为呢？”一般情况下，客户听到这个问题，会对销售说出自己的想法。但偶尔也会出现特殊情况，客户陷入深思，一直沉默。如果客户做出这样的表现，那我们要率先打破这种僵局，继续进行追问，直到客户愿意开口为止。

陈兴是一家旅行社的产品销售经理。有一次，一位想要带孩子在国庆长假期间出游的家长对陈兴所在公司推出的云南五日游活动十分感兴趣。但由于该家长此前总在网上看到有关黑导游强制消费的文章，因此对旅游项目产生了一丝顾虑。于是，她拨通了陈兴的电话，提出自己想要看看云南七日游的具体项目和旅游路线。

作为公司的老员工，陈兴当然对旅游项目了如指掌，但根据公司的保密原则，详细的旅游项目和路线是不能私自对外公布的。因此，对于那位家长的请求，陈兴只是解释了一些无关紧要的东西，并承诺自己的旅行社绝对没有强制消费的情况，至于具体的行程安排，陈兴则大概说了一下。

陈兴的回复令对方感到有些不满。她有些生气地问：“我总得看看你们的具体行程安排，才能确定我们去不去呀！”

陈兴在电话的另一端笑着回答说：“您说得没错，可想必您也从别的地方听说过我们公司，在成都的旅行社中，我们公司是非常有名，因此我希望您能相信我们公司的服务质量。”

感觉对方依旧不满意，陈兴没有在这个话题上纠缠下去，而是巧妙地转移了话题，询问说：“女士，冒昧的问一下，您所使用的手机是什么牌子？”

家长回答说：“华为。”

陈兴继续询问道：“是在网上买的还是实体店买的。”

尽管那名家长对陈兴转移话题有些不悦，但还是如实回答说：“我这是在华为体验店买的。”

陈兴礼貌地笑了笑，自顾自地说：“那还好，我看网上卖的有不少都是翻新机，还是在实体店保险一点。其实想弄清一部手机是否是翻新机很简单，只要用螺丝刀拆开外壳，观察里面配件的新旧程度就能看出来。那您在实体店购买手机的时候是否会先把它拆开看一下里面的配件呢？”

家长回答：“没有，你见过谁在专卖店买手机还拆机验货？”

陈兴继续说：“那就对了，我想您当时买手机的时候，一定是因为相信那家实体店的信誉和服务才买下它的，对吧？同样，买冰箱的时候恐怕您也不会把冰箱拆开看一下里面的制冷装置吧？虽然不同品牌的商品价格不同，但当我们无法分出好坏的时候，我们往往会依据厂商的信誉来决定是否购买，您觉得我说得对吗？”陈兴停顿了一下，不等家长接话，他就直接说出了自己的观点：“其实在节假日里选择一次说走就走的旅行产品也是一样的，您应该信任我们公司的服务质量和多年来积累的声誉。”

家长闻言，不再多言，十分痛快地给全家报了团。

销售是一个与客户互动的过程，不可能客户什么也不说，什么也不问，单听你说就愿意购买你的产品。销售要做的就是利用客户提出的问题，创造展示产品的机会，利用问题逆转，将自己从被动的回答者转变成主动的提问者。而用提问引导客户，是销售人员在聊天中赢得主动的重要方法，不过需要注意的是，这种方法运用不当可能会适得其反。因此，销售人员用提问引导客户时还应做到以下三点。

引导客户的思路

首先，用提问引导客户要能使客户证实自己是对的，要他们相信推销的产品。很多时候，一句话从你口中说出来，客户会产生怀疑，而客户自己说出来，那便是真的。其次，要确定有保证后才加以引导。这需要一些时间，并且不同的场合会有很大的差别。如果一开始就想引导客户，那么客户购买的机会就很小。另外，在聊天时要掌握好提问节奏，不要让客户有太多考虑的时间，否则，他们的回答也许并不是你想要的。

获得聊天主动权

通常情况下，销售人员一旦提出自己的想法，客户就会产生对方在强迫自己购买的感觉，因而会下意识地拒绝。因此，销售人员应视情况的变化，委婉询问，逐步把客户引向自己所希望的方向。当然这样做的前提是，销售人员必须牢牢把握主导权，如果丧失主动，被客户牵着鼻子走，那么，销售人员就极易陷入混乱，推销商谈必定不能顺利进行。

要做到心中有数

值得销售人员注意的是，你在向客户提问时，必须确保他们知道你每一个问题的答案。如果你提问的是客户不知道怎样回答的问题，那他们会怎么想呢？显然，你就不能正确地引导客户思考。作为专业的销售人员，你要替客户做出决策。如果你自己不会做出决策，客户需要销售人员干什么呢？另外，销售人员不应该把所有的推销失败都归于产品。如果销售人员缺乏职业能力，养成责怪产品和服务的习惯，就会更快地毁掉自己的整个销售生涯。

巧妙提问，发现客户拒绝购买的真正原因

绝大多数销售被客户拒绝的根本原因并不是你所推销的商品不适合对方，而是你的提问没有问到客户的需求点上。运用提问技巧，设计巧妙提问找出客户拒

绝购买的真正原因，根据需求向客户推荐合适的产品，才能让客户买得开心，用得舒心。

位于唐山市龙泽北路的某大型购物商场已经营业十多年了，在这里工作的销售人员几乎每年都能遇到几个“怪人”。所谓“怪”，指的并不是长相怪异，而是购物需求非常独特。有一年，这个商场就迎来这么一位客户。

一个头发花白的驼背老头在床上用品区徘徊了好几圈，每进一家店就问导购，这里的床垫软不软。得到“软”的回复后，老人二话不说，转身就走。任凭导购在身后如何招呼,他也不回头看一眼。老人的行为让很多导购都摸不着头脑，直到他走进床上用品区的倒数第三家店铺，接待他的导购是一名在商场里经营店铺多年的老板娘。与客户打交道久了，老板娘的经验十分丰富，当她听到老人询问床垫软不软的时候，并没有在第一时间给出正面回答，而是带着驼背老人在店铺里走了一圈，边走边与老人拉家常。

她询问床垫是给谁用的,驼背老人指了指自己。老板娘仔细打量了一下对方，又问了一句：“您老驼背有些年头了吧？”在得到“是”的回应后，老板娘指着一款床垫介绍说：“我觉得您的情况睡这款床垫应该比较舒服。这款床垫偏硬，在一定程度上有助于恢复您驼背的生理曲度，但也得配合适当的功能锻炼。”

老人听后，眼睛一亮，开口问道：“你还懂医术？”

老板娘笑着摇了摇头，坦白说：“我哪懂什么医术啊，不过我父亲也和您有着差不多的情况，睡软床不舒服，早些年，他老人家一直都睡硬床板，他觉得这样比较舒服，可事实上并不是这样，床垫过硬的话，会让肩背部、臀部受力加大，腰部承受的重量不足；平躺时，腰椎就会后陷，睡久了更难受，像这种情况，选用床垫肯定不适合太软的，但也不能太硬，太硬了会造成局部血液循环减慢，肌肉张力过大，对身体不好。”

老人听完点了点头，他上前摸了摸床垫，果然如老板娘所说，略微有些硬，但硬中带软。于是，他询问了床垫的价格，并爽快地买下了这张床垫。

作为销售人员，只有深入地了解客户的问题才能找到销售机会，才能针对客户的需求进行介绍和推荐。而提问正是打开客户内心购买决策黑箱子的一把金钥匙，你可以利用询问技巧来获取隐藏在客户内心的情报，并确认客户的需求，从而主导谈话的主题，进行最有效的销售。作为销售的一方，只有我们多提问才可以让客户多讲，从而把谈话导向自己希望的方向上来。说服的艺术不在于你来我往地抒发己见，而是藏在一问一答之间。在适当的时机抛出合适的问题，可以引发客户仔细思考，然后发表意见。

那么，销售人员如何巧妙地向客户提问呢？这就需要我们仔细地规划。一般来说，提问要比讲述好，但要提有分量的问题并非易事。简言之，提问要掌握以下三点。

探索式问题

探索式的问题能够激发出客户的情趣，以便销售发现顾客的购买意图以及怎样让他们从购买的产品中得到他们需要的利益，从而就能针对顾客的需要为他们提供恰当的服务，促使买卖成交。

比如在客户的家里，客户的孩子正在玩耍，你可以问“现在孩子比较难教育，你平时是怎样教育你的孩子”“你对孩子的教育有怎样的看法”等。这样的问题，能够把客户的谈话欲望充分调动起来。

客户必须回答的问题

当客户不想开口说话时，就要问一些既能让他必须回答，而且还不会引起他反感的问题。例如，看到客户的房间里有些漂亮的字画，销售员便可以问一些关于这些字画的出处或者它的含义，这样既能表现出客户的高雅和学识，也能激发他谈话的欲望。

赞美性的问题

赞美性的提问往往能够满足客户的虚荣心。因此，在销售的过程中，销售员可以选择一些赞美性的话题。比如，你看到一个漂亮的小姐姐在选购首饰，你就可以适当地赞美一下她的着装，引发她说话的兴趣，然后建议她再配一条项链。会显得更加美丽。

“说得多不一定卖得好”，多问才是控制销售发展方向的最佳方式。一个优秀的销售员会用 80% 的时间提问，只用 20% 的时间讲解产品和回答问题。在对商品做介绍之前，除非你事先已经通过调查掌握客户目前的状况和需求，不然的话，就必须先完成提问的工作，找到客户隐藏在背后的真正需求，才能引导你和客户朝正确的方向进行沟通和交流。

通过提问，发现谁是购买决策者

销售大师马格南曾说：“如果你想把产品卖出去，就得去和那些有购买决策权的人进行谈判，否则，你就会徒劳无功。”这句话在很多销售人员的身上得到了验证。

确实有很多销售人员在做出了很大的努力，眼看就要成功的时候，突然出现一个权威者一句话就否决了他所有的努力。我们认可这些销售人员的努力，但是并不认可他们的方法。造成这一结局的根本原因就是销售人员从一开始就没有选对销售的对象。

有一名销售人员正在想方设法地向一家公司推销他们的产品。这名销售人员通过各种关系直接找到了该公司的主管，希望能够说服他购买自己的产品。

他几次和这个主管见面谈及此事，但是对方的态度一直含混不清。他搞不明白为什么自己已经将价格给到了最低，对方还是不表态？

有一天，他又约见了那名主管，但是这次赴约的却是两个人，除了那名主管以外，还有他们公司的总经理。总经理开门见山地说："对不起，我们不能购买你的产品，因为我已经和另外一家公司签订了合同。"

直到这个时候，销售员才明白，原来他一直以来的努力根本没有任何用处，因为这名主管根本没有权力决定是否购买他的产品，这也是那名主管一直不表明态度的主要原因。

准确找到真正的购买决定者，是成交的关键。有时候，你会发现表面上的拍板人并不是握有实权的人。这时就需要你既巧妙地照顾拍板人的面子，又要设法争取实权派的支持，让实权派为你说话。寻找具有决定权的人物一点也不难，只要你细心地从客户的言语中揣摩，从他的神色上观察，就一定能得出结果。

如果客户的办公室中有其上司，那么客户的心思就会比较纠结。因为客户虽然负责采购，但他并不具有最后的裁决权，而他的上司或许又不太听得懂推销员所说的产品本身的专业问题。

这时，推销员若单是向客户讲，客户心里一定会想："你为什么不详细解释清楚，让我的上司也能够彻底了解一下呢？"所以，销售员应该适时询问客户上司的意见："经理，你认为如何呢？"

而上司这边，心中或许也正在嘀咕："他们两人嘀嘀咕咕谈妥什么了？可我就是不想盖章，这件事情的决定权在我，这个推销员应该对我谈才对啊！"因此，聪明的推销员在此时应该要兼顾两个人的需求，适时征求他们的意见，要让他们认为都受到重视了，才可以促成订单的顺利成交。

当然，销售人员在去拜访客户之前，如果时间和情况允许，最好事先做好调查，旁敲侧击，弄清真正的决策人是谁。但如果时间紧迫，无法预先充分调查，则有必要开门见山切入主题："我想和贵公司商谈一笔生意，请安排能做主的那位和我谈。""我要谈的是 ×× 事，请问您能做主吗？""我来谈 ×× 事情，请问哪位负责这方面的事务？"有时候，要找到决策人的方法其实很简单，只要你多向客户提出几个巧妙的问题，再从他的言语表情中观察就行了。

曾有人对销售工作做了一个形象的比喻，“销售就像是在打靶，我们必须瞄准靶心才能取得最好的成绩。找不到有决策权的购买者，就等于是脱离了靶心在打靶，其结果自然也是偏离的。”因此，销售人员在开展销售工作之前，一定要通过询问的方式先找到真正的决策者，才能避免做无用功，更快地完成销售。

开放式提问，让客户参与到谈话中来

在销售的初期，当你希望客户畅所欲言，提供给你足够多的有用信息时，不妨采用开放式的提问方式，留给客户一定的回答空间，让客户参与到谈话中来，这样不仅可以营造良好的交流氛围，使客户相信自己是谈话的主角，而且还能让你在不知不觉中掌控整个谈话的方向。

所谓开放式的提问，就是不限定客户回答问题的方式和范围，比如“您觉得事情会向什么方向发展呢”“您对产品有什么不满意的地方吗”“您觉得这件产品的优势在什么地方呢”“您对我们有什么建议”等，开放式提问不但可以让客户侃侃而谈，也可以让客户感受到轻松的谈话氛围，以此帮助推销人员更多地了解关于客户的有效信息。

杨洋是上海家具行业比较有名的推销员，他总能够通过恰当的提问让对方多说，并用问题来引导，最终发现顾客的需求，从而完成成交。

一次，上海一家百货商场的家具部将要开业，捕捉到商机的杨洋立刻通过电话预约到了该商场的负责人关博先生。两人寒暄过后，进入了正式的交谈。

杨洋问："上次在电话里，您曾向我透露您计划销售坚固且价钱合理的家具。不过，我还想进一步知道您期望的是哪些款式，您销售的对象是哪些人，还有，您能谈谈您的构想吗？"

关博认真地回答道："年轻人通常喜欢逛组合式家具连锁店，但城里的退休老人不少，比如我的父亲就是。去年他很想买家具，但是，组合式家具太过花哨了，预算有限让他也舍不得买那些高档家具。我通过市场调研发现，很多老人都有这方面的困扰。因此，我们商场里的家具，锁定的就是这群客户。"杨洋明白了关博先生需要的是耐用性的家具。

杨洋接着问："您曾说的价钱不高是多少？比如，您认为顾客愿意花多少钱去买一张地毯？"

关博笑了："我不会买便宜的残次品，也不会采购过于老旧的款式。我认为，只要顾客能够确定这款地毯能用很长时间，他们便能接受600元到800元的价格。"

听完这话，杨洋立即就拿出提前准备好的产品画册，告诉关博先生自家企业所生产的"白鹿品牌"，无论从外观还是品质上，都非常符合锁定的顾客群的需要，并且价钱也绝对能够确保合理，而且还具有永久性防污处理技术，方便清洁。

关博先生一边翻动画册一边称赞着产品，最终同意了与杨洋的合作。

心理学研究表明，绝大多数的人喜欢别人倾听自己的诉说，而非听别人说话，所以销售人员要利用简单有效的开放式提问，使客户不断地说话，自己做到仔细倾听，并在此基础上提出更深入的问题。开放式提问可以使客户打开自己的心扉，说出自己的想法、感受和顾虑，销售人员也因此有机会深入到客户的内心世界，获得一些深层次的需求信息。

比如，我们想了解客户目前与保险合作的情况，若是直接问："您看咱们公司目前跟哪家公司合作呢？费率是多少呢？"这样问，大多数客户的回答可能是："这个不方便透漏，你们先报个价格吧！"我们就陷入了被动。而聪明的销售员则会这么问："贵公司业务多，规模大，一定经常跟我们保险公司打交道吧？您觉得之前的合作伙伴如何？"这样一问，客户至少得说几句评价的话。之后，我们可以再问："那您对我们公司有什么要求呢？"这又是一个必须长篇大论一番的问题。只要引发客户长谈，那我们总能找到其中隐藏的情报。

当然，开放式的提问方式，也是需要有所节制的，并非越开放越好。诸如"我们可以帮您省钱，您是否有兴趣？""这就是您想要的那一款吗？"这些大而空的问题，会让客户不知从何说起。如果你碰到的是话多的客户，他们可能说了半天却没有一句有用的，不但不能帮助销售人员获得足够多的信息，反而会让客户有受审的被动感。

所以，在提出开放式的问题时，销售人员一定要有所预期，使客户不需要太多的思考就能作答。问题应该尽量简明，让客户清楚明白，更重要的是要与客户的业务和目标直接相关，才能引导客户做有益于我们的思考。销售人员不妨在谈判之前就把想要提出的问题，如客户的需求、客户的困难、客户的关心点写下来。

另外需要注意的是，开放式提问常用于交谈的开头，这样不但可以缩短双方心理、感情的距离，又能获得足够多的信息。但由于其具有松散和自由的特点，以及难以深挖的局限性，在进一步的交流中，要适当采用其他的提问方式作为补充。只有恰到好处的提问，才有利于推动销售的深入进行。

封闭式提问，促使客户买单的最佳聊天术

在快餐店点餐时，我们经常会与店员发生如下对话：

“您好，先生，请问您要点什么？”
“来杯喝的。”
“我们有雪碧、红茶、可乐、芬达，您需要哪一种？”
“芬达。”
“您要的大杯、中杯，还是小杯？”
“大杯”。
“需要加冰吗？”
“需要。”
“多冰还是少冰？”
“少冰吧。”
“好的，请问还需要点别的吗？”
“不需要了，谢谢。”
“好的，请您稍等。”

以上就是一段典型的封闭式提问对话。快餐店店员所提出的问题都是范围较

小、有限制的问题，让对方在可选的几个答案中进行选择。封闭式提问最大的好处就在于，用它让客户选择答案，可以将客户原本飘忽不定的思路局限在特定的范围内，能让销售人员快速地确认客户对某一事件的态度和看法，耗时短又迅捷。

在使用封闭性提问的过程中，销售人员经常使用到的词汇有：“能不能”“对吗”“是不是”“会不会”等。例如：“作为孩子的母亲，您一定非常关注儿子的成绩，对吗？”“天这么热，您还穿着长袖衣服，您是不是对紫外线过敏呢？”“会不会是因为之前选择的漆料产品质量不过关才导致您身体不舒服呢？”类似这样的提问能够收缩谈话范围，使提问者能够快速得到自己想要了解的信息，逐渐把话题导入到购买决策上来。

对于绝大多数客户来说，他们并没有主动提供信息的习惯。在不了解对方的情况的时候，销售员用“是”与“不是”就可以回答的问题能将客户束缚住，使他们不得不从有限的选项中挑选答案。这样的话，他们通常只会提供有限的信息。当客户过于内向或者对产品的选择不太明确时，销售员采用封闭式的提问方式，往往可以取得不错的效果。而且，使用这种提问方式，也可以让客户减少很多思考过程，令客户感到轻松。

某天下午，一位客户到4S店看车。汽车销售顾问在简单的寒暄后，一边带客户参观，一边问：“陈女士，看您的着装，您喜欢紫色是吗？”

“是的。”

“您开车的习惯是自动挡还是手动挡？”

“都开过，不过还是偏向于自动挡，比较方便。”

“那您喜欢小排量的车还是大排量的车呢？”

“小排量的吧。”

“排量小倒是省油，不过排量小的车总是导致驾驶动力不足，这个您能接受吗？”

“不能。”

“那您的意思是希望有一款在满足动力要求的前提下，排量小能省油的车是吧？”

“对。”

“陈女士，通过谈话，我了解到您需要一辆在满足动力要求的情况下，能够省油的紫色轿车，是这样吗？”

“差不多吧。”

“那么，请跟我来，我们店里刚好有一款符合您需求的车。”

销售人员通过封闭式提问，总结客户的一些基本需求，并给客户一个总结式反馈，会让客户觉得接待自己的人特别专业。而且根据客户的需求去介绍产品和提供购买的建议，会让客户觉得非常适合他的需求，易达成购买协议。

通常，客户在刚与销售人员接触时戒心都比较重。如果客户遇到了自己喜欢的东西，都不愿意向销售透露自己的底价。这时，销售人员就可以采用封闭式的提问方式，让客户在几个答案中选择一个。客户在回答这些选择题时，内心防线会不由地被削减，从而说出内心的真实想法。例如，有客户想要装修房子，但一直没有给出自己的心理预算，这时装修公司的销售人员就可以尝试引导着提问，“您是打算精装还是简装？”“装修的风格是北欧风格还是日式风格？”“您打算拿出 10 万元来装修房子还是 20 万元？”面对销售人员一层一层的问题，客户就会下意识地选择出符合底价的答案，比如“想要精装”“打算拿出 15 万元左右的装修款”，这样销售人员就能一步步摸清对方的真实想法，然后有的放矢地提出方案了。

当销售员与客户谈好方案后，在成交环节中，同样也少不了运用到封闭式提问。这可以有效避免客户的扩散思考和潜意识里的拒绝，促使客户做出购买决策。比如：“您打算这周装修还是下周装修？”“您是刷卡支付，还是现金支付？”……

不过需要注意的是，虽然封闭式提问可以为销售员打开僵局，但是封闭式提问的方式也存在一定的局限性，会给顾客一种不舒服的感觉。例如，当你提出“是”与“不是”型的问题时常常也只会换来客户“是”与“不是”的回答。

因此，为了准确地判断出顾客的需求，在销售人员提问的过程中，最好将开放式与封闭式询问法结合起来，利用开放式询问启发顾客说出自己的意见、看法，随后利用封闭式提问法进行准确定位，进而找到顾客的需求，取得导购活动的成功。

反问，有的时候效果更好

在销售沟通的过程中，有些客户总会不时地提出一些棘手的问题。当遇到这种情况时，应该怎么办呢？对此，如果你并没有完全明白客户发问的动机，就一定不要直接回答，否则很有可能会失掉订单。这时，你可以采用反问的方法，把问题再丢给客户。比如，当客户询问："这个型号的手机还有其他颜色吗？还是只有银色？"我们则可以反问对方："您最喜欢什么样的颜色呢？"

为什么我们要将问题再丢回给客户呢？那是因为我们知道自己发问是出于什么目的，可是并不是很清楚对方的目的是什么。如果我们大费口舌，向对方介绍手机有多少种颜色，就很难搞明白客户的真正需求是什么。如果不知道客户的真正需求，就喋喋不休地向客户解释，那也只能是白白浪费时间和精力。相反，如果我们反问客户，客户可能就会说："我不喜欢银色，我觉得蓝色更适合我。"这样，问题自然就解决了。

或者，当客户询问："你们店里有最新款的 ××（品牌）手机吗？"

这时，如果店里并没有这款新型号的手机，那么销售员可能会想："这款手机才刚上市，想要买需要提前预订，如果现在预订的话，最起码也要等上一周半的时间才能拿到货，可对方这样问，说明他肯定有这种需求，我要不要建议他再等上一段时间呢？”

其实，作为销售人员，面对这种问题没必要这么伤脑筋，而是可以直接反问客户：“你很喜欢这个型号的手机吗？”或许客户会这样回答：“不是，我只是随便问问，因为我听说这款手机的造型设计很酷，想见识一下。”也或许他会这样回答：“是的，我就是奔着这款手机来的，当然，手机的价格也很重要。如果价格太贵的话，我觉得还是买一部便宜点的手机比较好。”然后，我们就可以根据客户的不同回答，选择相应的应对方法。

在销售过程中，客户提出自己的问题，这是十分正常的事情。一般来说，多数客户问的问题都属于比较温和的。还有一小部分客户则会提出一些另类的问题。这种问题比普通问题更不好解决。在这种情况下，反问仍然是一种比较有效的化解方法。当然，我们也一定要明白，我们反问的目的并不是要逃避问题，而是为了获得客户的真实想法。以下面几段对话为例。

客户：“这件衣服我没相中。”

销售员：“请问您觉得是哪一方面不太满意呢？是衣服样式，还是颜色呢？”

客户：“你们这个包怎么看着不像正品啊？是A货吧？”

销售员：“那请您指出来，这个包包哪一点像假货呢？”

客户：“什么？这件旗袍要3500元？这也太贵了吧！”

销售员：“那您认为能够接受的价格是多少呢？”

客户：“这块手表看着挺好的，我下次过来再买吧！”

销售员：“既然您看中了这块手表，为什么不现在就带走它呢？”

类似以上这些问题，都是销售员平日里经常会遇到的。通过有效的反问，我们可以很容易找到客户问题背后真正隐藏的东西，从而掌握成交的主动权。不过，需要注意的是，反问不是质问，所以销售员在反问时要注意语气平和、态度诚恳，如果客户不愿意回答也不要强求。

第7章

不要生硬地讨价还价，而要多聊为什么值这个价

在销售过程中，客户与销售员进行讨价还价是一个必然要经历的过程，这并不是一个单纯的商业技巧问题，更多的是一个心理较量的问题。作为推销员，我们不仅要学会坚守自己的价格底线，同时更要学会如何说服客户接受你提出的价格。“一分钱一分货”的道理大多数人都懂，我们要做的就是和客户多聊自己的商品贵在哪里，让客户明白这是物有所值，选择购买是明智之举。只有让客户心悦诚服地接纳我们的说法，我们才能比别人卖出更多的商品。

聊价格要有耐心，不要妄想一下子就搞定客户

在销售业中有一条重要的法则："如果你想失去一笔生意，那么最简单有效的方法就是在客户还没有完全接受你时，鲁莽地撞进下一个阶段。"很多刚入行的销售新手在推销的过程中只知道"自卖自夸"，往往忽视了销售是一个整体性的工作。其实，当我们与客户打招呼时，整场销售活动就已经开始了，在我们打量客户的同时客户也在打量我们，如果我们表现得过于急功近利，只会引起客户的反感。特别是在价格谈判阶段，更要沉得住气，不能失去耐心。如果我们总想一下子搞定客户，让客户接受我们给出的价格，那我们注定要失望了。

这就好比你去餐厅点餐，你在点了一份全熟的牛排后，每隔半分钟就催促一次服务员问牛排为什么还没好，服务员和后厨被你的"夺命连环催"逼得没有办法，最终只好给你端上一份七八成熟的牛排，并告诉你这就是你点的全熟牛排，当你迫不及待地拿起刀叉享用时，你却疑惑这家的全熟牛排怎么与其他西餐厅的全熟牛排口感不同，虽不至于让你难以下咽，但吃惯了全熟牛排的你偶尔吃到七八成熟的牛排多少还是会感到有些不适应，于是你一边吐槽牛排不好吃，一边暗自发誓下回再也不来这家餐厅吃饭了。

正所谓："好饭不怕晚。"销售过程中的价格谈判和吃牛排是一个道理，有些事情是不能着急的，必须耐心等待。耐心的态度往往会打动客户，让客户接受我

们的商品和报价。

李响是一名蛋糕公司的推销员兼配送员。有一天，一位客户在网络订餐平台订购了两条法棍面包。李响在配送面包时对顾客说：“你平时很喜欢吃面包吧？”

顾客点了点头，说：“是的。”

李响笑了笑，从怀中摸出一张卡片说：“我们公司的面点食品口碑很好，要不要办理一张面包储值卡？用面包储值卡到店里购买可以享受95折，另外一次性办理200元的面包卡，我这边还可以给您打个9折，也就是说您现在只要花180元钱就可以得到一张价值200元的面包储值卡，您用这张卡去我们的门店消费还可以享受95折优惠，相当于折上折。”

顾客被李响说得有些心动了，但转念一想，自己爱吃是爱吃，但也不能天天啃面包啊！于是，他一口回绝了。

然而，李响并没有转身离开，而是从口袋里取出一个精致的小面包在顾客眼前晃了晃，等到把顾客的注意力吸引到这块面包上时，李响才缓缓开口说：“我们公司的面包师傅都是从国外请来的，我们制作的面包种类也非常多，比如你眼前的这块面包就是欧洲有名的肉桂卷，你看这表面金黄的色泽，想不想尝一个呢？现在办理储值卡，还会送你一个肉桂卷哦！”

顾客看着李响手中的肉桂卷，不自觉地咽了咽口水，在美食的诱惑下，这位顾客终于放下了心中的坚持，“那好吧，我现在就办，不过你要是能送我两个你说的这个什么卷，我想我会更开心的。”

循序渐进、生动演绎、极具耐心，是李响能够成功将面包卡推销出去的根本原因。销售本身就是一个富有挑战性的工作，需要面对许许多多不同类型的客户，没有耐心，销售工作是无论如何也进行不下去的。

很多销售精英在促成一笔大单时，除了心情愉悦，更多的是感受到身心上的疲惫。对于销售而言，每次见客户其实都是在打一场心理战。那些业绩高的销售，或多或少都具备一定的心理学知识、活跃的逻辑思维能力、应急能力以及语言技巧。

那些出色的销售人员在价格谈判时十分沉得住气，他们在报价时往往会比成交价格高出一些，这样做是为以后的谈判留下周旋的余地。通常情况下，销售人员对客户了解越少，开价就应越高，因为对于陌生的客户，如果我们在报价之后做出极大的让步，会让对方觉得我们更有合作诚意。不过报高价也应遵循市场行情，如果太高的话，可能会使对方望而生畏，因此，合理的报价是每个销售人员都应掌握的技巧。

如果我们的报价处于客户能够接受的范围，那么客户会愿意继续谈下去，当谈判进入中期后，要谈的问题就会变得更加明晰，这时客户即便提出了一些不合理的要求，我们也不应力争，力争只会让双方产生对抗性情绪，这对我们的销售工作并没有任何帮助，面对客户的不合理要求，我们也可以提出相应的要求。要让客户知道，一旦他们提出要求，我们也会要求相应的回报，这样他们就会将要求控制在一个合理的范围内。

步步为营是销售人员最稳妥的销售策略，这需要我们拥有极好的耐心，在谈判时不断抛出甜头给客户品尝,并在最后签单的时刻做出一次小小的让步。例如，我们可以说：“价格我们是不能再低了，但我们可以在别的方面给您一些方便。如果接受这个价格，我可以亲自监督装车，免费送货上门，保证一切顺利。”或许我们提供的服务中本来就有免费送货的项目，但如果我们在对的时机提起，往往可以极大地调动对方的情绪，使客户认为“如果这样，我也就接受这个价了”。同时，“争取”到免费送货的客户也会认为自己赚到了。

在与客户交流时，耐心是销售人员能够取得订单的最大武器，试想一下，我们在网上订餐时，在相同的价位下，我们是不是也要看销量，看配送费，看买家评论，做到货比三家呢?

精挑细选，优中选优是每个买家的共性，面对这样的客户，销售人员应沉着应对，用一种灵活迂回的方式与客户聊天，待烘托出气氛后再慢慢将话题转移到产品上来，在循序渐进的过程中，步步为营。以一颗平常心去争取每一位顾客，这样才可以取得更好的成果。

生硬地讨价还价，不如微笑着多聊为什么值这个价

几乎所有销售员都听过顾客这样的质疑，为什么别家的产品和你的一模一样，你却卖得这么贵？作为销售，当遇到这种情况时，应该耐心地向客户做出解释，而不是通过自己掌握的信息进行强硬的反驳，有些销售员在看到客户嫌价格偏高的时候，会脱口而出："这个价格已经很优惠了，一点都不高。"这样的解释很难让客户接受。这时，与其和顾客生硬地讨价还价，不如微笑着多聊聊你的商品为什么值这个价，具体的方法有以下三种。

价值对比

人们在购物时常说："不怕不识货，就怕货比货。"很多时候，销售人员想要凸显自己的商品的价值，可以拿竞争对手的商品来做对比，利用对方的缺点，来凸显自身的优点，会使客户的感受更加深刻。价值对比的方法能突出商品的特点和优势，对于说服客户有很大的作用。

价格对比

其实很多消费者都明白"一分钱，一分货""便宜无好货，好货不便宜"的道理，只是这个前提需要有人为他们证明他们所面对的是优质商品。一个经验丰富的销售员与客户打交道时不仅只是简单的报价、砍价，而且通过运用价格对比

等方法，用一些具有引导性、暗示性的内容让客户明白他所面对的商品其实是物超所值的。

在销售当中，坚持“一分钱，一分货”的销售理念，有时可以帮助销售人员更成功地获得较高理想的销售价位。因此，只要利用好消费者的这一心理，就能让销售过程变得更加顺畅。

多强调产品的功能

当我们的产品价格确实比同类产品高时，这时就一定要寻找并强调产品的某些特殊的功能，然后将自己的产品跟价格较低的同类产品进行比较，重点突出自己产品的优势，比如产品的好材料、实用、耐用、操作简单等。同时也可以强调产品的售后服务，这样顾客就会对产品的价格不再那么介意，因为客户不仅看重“价廉”，更看重“物美”。只要客户认可了商品的价值，那么心理上也就愿意支付更高的购买成本了。

在现实生活中，很多销售员与客户沟通时经常把握不住其需求点，其实只要能够抓住客户的心理活动来聊，就能有效提高顾客对商品的心理价值筹码，使交易的天平向商品价值一方倾斜，从而提高成交率。

有一对年轻夫妻到家具城想要给新家添置一套沙发，二人在家具城里转了一圈，终于在一个店铺相中了两套。年轻男子开口询问：“请问这两套沙发怎么卖？”店员回答说：“那个稍微大一点的1200元，小一点的1400元。”

年轻男子有些好奇地问道：“为什么这个大的反而便宜呢？是不是质量有问题？”店员解释说：“那倒不是，而是进货的时候这款小沙发的价格就比另外一款贵。”听到这个说法，这对夫妻简单商量了几句后就离开了。原本年轻夫妇打算选一个大一点的沙发，但是他们一想到那个大沙发的价格比小沙发的价格更加便宜，心里总感觉有些不对劲，他们认为肯定是沙发质量有问题。

这对夫妻兜兜转转，也再没有遇到喜欢的款式。就在两人刚想离开的时候，忽然又在另一家店铺看到了相同款式的两套沙发。这对夫妻询问了这两款沙发的价格，得到的回复与之前店铺的价格几乎一致。于是，男子又问了相同的问题。这家店员回答道："您过来体验一下就明白了。"这对夫妻依照店员的指示，试着坐了一下，发现相比之下，大沙发偏硬一些，而小沙发坐起来很舒服。

店员顺势解释说："这两款沙发是同一个厂家制造的，你别看款式相同，但其实它们所选用的材料不同，所以价格也不同。毕竟一分钱一分货嘛，小沙发用了更好的材料，所以价格相对也稍微贵一些。"听了店员的说法，这对夫妻才恍然大悟，原来并不是大沙发存在质量问题，这也让他们对产品的质量放下心来，最终，他们在店员的建议下购买了那款小沙发。虽然价格上稍微贵了一点，但是他们觉得坐得舒适才是最重要的。

对一款商品而言，考虑性价比不仅要看价格，还要参考其包含的价值等因素，如果没有销售人员引导客户去关注商品价值，那么很难凸显出性价比这个决定交易的重要因素。因此，作为销售人员一定要学会引导客户关注商品的价值。例如，我们可以适当调整商品的定价结构，造成刻意溢价。苹果公司正是通过这种刻意溢价激发顾客的好奇心，让顾客主动思考苹果手机为什么卖这么贵。又或者，我们可以对商品的价格进行分割，通过这种方式来吸引顾客留意商品的关键优点。瑞典的宜家家居就是将桌子的桌面和桌腿分开定价，以提醒顾客注意商品的组装功能。

当然，想成功地将顾客的注意力从价格转移到商品的价值其实并没有想象中那么简单，因为无论采取什么样的方式，到了交易的最后，客户依旧还是会面对"价格"这个最关键的因素。但在采用了不同的方法和话术后，至少可以让顾客更多地考虑价格之外的东西，最终让促成生意的概率变得更高。

报价时，一定要给客户还价的空间

在销售员进行销售的过程中，与客户进行讨价还价是一个必然的过程，这并不是一个单纯的商业技巧问题，更多的是一个心理较量的问题。作为推销员，在报价时一定要掌握方法，要懂得满足客户在砍价中获得的成就感，给客户一个还价砍价的空间，这会让销售工作变得更加顺利。

当客户“甩开膀子”与销售员就商品展开讨价还价的架势时，他往往有两种需求：一是为了保证他自身的利益，所以他要把销售员报出的价格压到最低；二是他还要满足自己作为“砍价者”的成就感。在生活中，一些网购主页都推出了“砍价活动”，一件市价昂贵的商品，经过多轮砍价，可以降到很低的价格，这不仅可以刺激参加活动的消费者进行消费，同时在一轮又一轮的分享砍价链接的过程中，商家和商品也得到了很大程度的曝光，为商家积累了人气和流量，可谓一举两得。

同样，销售员如果在报价时给出一个让客户能够还价的空间，也能在让客户成功砍价感到开心的同时提高自己产品的销量。对于销售员而言，从业时间久了，都能开出一些订单，但想要长期保持自己的销售量，就不是一件容易的事情了。对此，优秀的销售员会竭尽所能，施展不同的方法和手段，而报价战术就是其中的一个方法。为了能满足客户的征服欲，并且让对方长期保持这种感觉，优秀的销售员会化身“奥斯卡金像奖得主”，在讨价还价的过程中充分发挥他们的表演才能，在与客户的交流中，把降价间隔的时间、措辞、表情等把握得恰到好处，表现得永远是在“不得不”的情况下降价，显得十分悲壮。能够做到这一点的销售员不仅可以多拿提成，更重要的是他们也能在销售过程中体会到成就感。

而与此相反，如果签完单客户就感到后悔，觉得自己吃了亏，那么，这种生意就只能是一锤子买卖。出现这种情况，是销售员推销手段欠缺的表现。一个优秀的推销员会让自己的客户感觉他永远是赢家。

一位顾客在逛街时看中了一款包包。于是，他问卖家：“这包多少钱？”

卖家打量了一下顾客的衣着，很快回复道：“460 元。”

顾客闻言没有吱声，而是有些恋恋不舍地移开了视线。

不等顾客转移目光，卖家飞快地说：“这是今年流行款，销量很高，很多网红都在用。”

顾客摸了摸包说：“有点贵了。”（第一次压价）

卖家见势假装犹豫了一下，然后换上一副诚恳的表情说：“这样吧，你看你今天来得早，我这店也没开张呢，我图个好彩头，给你便宜 30 块钱（第一次让步），430 拿走行吗？”

顾客没有接话，而是用手机在某网购网站上搜索了一下。然后，顾客对卖家说：“还是太贵了，这款包网上才卖 280。”（第二次压价）

卖家注意到顾客登陆的网购网站是国内最近两年新流行的一个购物平台，虽然里面很多商品的价格都很便宜，但很多是山寨货，质量很差。

卖家笑着说：“你说的这个网站我也知道，口碑一般，我想你也看过‘买家秀’和‘卖家秀’的区别吧？网上卖的东西质量好不好我不敢保证，但我能保证我店里的东西都是厂家正品。”

顾客没有反驳，显然是认可了卖家的话。

见顾客没有说话，卖家又趁热打铁地说：“网上卖的包和我店里卖的包质量是不一样的。我这做工没话讲的，你看看这材质。”

“300。”（第三次压价）客户给出了自己心中的价位。

卖家摇了摇头，对客户说：“这个价格太低了，我要卖了肯定是亏钱的。我看你也是真喜欢这个包，这样吧，400 块你拿走（第二次让步），就当交个朋友。”

顾客考虑了一会儿说：“我买包的预算最多也就 350 块。”（第四次压价）

其实 350 块的价格已经超过卖家的心理预期了，但为了不让顾客感到后悔，卖家依旧不肯松口，同时也想试探顾客能否接受 400 块这个价位。

顾客想了想，咬咬牙说道：“那你给我让出个打车钱吧！”

卖家听了心中一喜，但是脸上依旧装出一副肉疼的样子，欲言又止了半天，说：“那行吧，就 390 吧。”（第三次让步）

销售界里有一句名言：“永远不要奢望客户能够接受你的第一次报价。”现在的买家越来越精明，他们在购买一件商品时，往往会从多个方面去深入了解，然后给出一个自己能够接受的心理价位，在与销售员正面交锋时，即便对方可以让出自己预期的价格，他们仍然会奋力相争，毕竟绝大多数人花的每一分钱都是自己辛辛苦苦赚来的，能省则省，砍价同时还能感受杀价带来的心理快感。

在面对喜欢讨价还价的客户时，销售人员要坚守自己的价格底线，在价格的问题上，不能被客户牵着鼻子走，一定要准备一套“卖得贵有卖得贵的道理”的说辞。通常，优秀的销售员会从以下五点来强调、说服客户：

第一，原材料材质优等，和其他供应商所用的普通材质有着云泥之别；

第二，进口设备制作，比小作坊里出来的山寨货，做工更为精良；

第三，生产技术更先进（具体好处依据产品不同来分析）；

第四，无尘车间生产，最大化地保证了产品（食品）卫生；

第五，严格控制品质，产品实行全检，最大化地保证了商品的质量。

以上这些理由都是销售员坚持价格或微小让步的黄金说辞，但要注意的是针对每一次销售，这些理由最多每次只能使用一两个，销售员要明白过犹不及的道理，同时在商品报价的环节上给出客户一个杀价的范围。成熟的销售员在报价时都会特别注意按照客户的类型，针对性报价。对于一些漫无目的、不知价格行情的客户，可高报价，留出一定的砍价空间；对不知具体某一品种的价格情况，但知该行业销售各环节定价规律的客户，应适度报价，高低适度合情合理；而对那些知道具体价格并能从其他渠道购到同一产品的客户，则应在不亏本的前提下，尽量放低价格，留住客户。总而言之，就是针对不同类型的客户，报不同的价格，也就是所谓的“到什么山上唱什么歌”。

在销售过程中，销售员要学会审时度势，在不同的情况下报出不同的价格。有些刚入行的销售员性子往往很直，认为买卖就应该要讲究公平，玩那么多虚的没有任何作用，于是直接把底价告诉对方，并且示意对方就这个价，爱买不买，别再跟我讨价还价。在销售业，这种做法显然是不可取的，几乎所有的客户都希望在卖家第一次报价后能够在这个价格上通过自己的言语压低价格，这是人性使然。作为销售，我们应掌握好这个心理游戏的规则，让每一位与我们打交道的客户都能从心理上收获极大的满足感和成就感。

客户说“我考虑一下”，如何聊才是正确的应对之法

在现实生活中，销售总会遇到这样的情形，在自己竭尽全力地向客户介绍完产品之后，客户的回应并不怎么热情，只是回复了一句“知道了，我考虑考虑”或者“嗯，还行，我再想想”。

客户口中的“考虑”通常是他们推托的借口。作为销售人员，当听到客户说要考虑时，一定要思考客户推托背后的真正意义，只有弄清楚这一点，才能做到

对症下药。一般来说，当客户表明自己要“考虑”时，要么是并不想掏钱购买，要么是对产品性能或者价格还心存疑惑。如果他们不愿购买，那么销售员就必须换个角度来再次引起他们的兴趣。如果销售人员单纯地认为客户真的需要时间考虑，并指望客户考虑好了再回来购买，那么这次销售机会很可能就此溜走，要知道“机不可失，时不再来”。如果销售不能抓住时机让他们掏钱的话，想要再次销售可就困难多了。其实，更多时候，“让我考虑考虑”是客户的一种拒绝的表示，之所以这么说是为了不想让双方尴尬，给彼此留下一份薄面。

聪明的销售员在遇到这种情况时，他们往往会正面面对这种拒绝，抓住“我考虑考虑”这句话，见招拆招，采取一些适当的话术，努力用聊天的方式拉回客户的心，从而达到商谈的成功。例如：“陈先生，刚才可能是我讲述得不够清楚，以至于您现在尚不能决定购买。那么，请允许我再为您介绍一下产品的细节，以便帮助您考虑，我想这一点对您了解我们产品是很有必要的。”“于总，我很高兴能听到您说要考虑一下，要是您对我们的产品根本没有兴趣，您怎么会愿意花时间考虑呢？不过，您所要考虑的究竟是什么？您大可以说出来，看看我能不能帮您解决？或者您是不是对自己的判断还有所怀疑呢？那么让我来帮您分析一下，以便确认。”“李女士，看您的这身简洁清爽的装扮，想必生活中肯定是个果断的人。您看这件衣服与您的气质多配呀，与其以后花时间再考虑，不如现在就做出决定。”面对犹豫的客户，销售员可以根据不同环境向客户指明由于拖延购买可能造成的损失，从而让客户快速下决定，或者大胆礼貌地询问对方考虑的内容和原因，以便了解更多的客户信息。

如果在与客户的周旋中，销售人员清楚地感受到客户的购买欲望不是很大，那么最好不要逼迫客户做出选择。因为无论什么时候，一味地催促客户做出决定都是极为不明智的做法，这么做会显得你非常功利，只会让客户更有抵触情绪，很难获得成功。作为销售人员，我们要清楚一点：当客户在选择产品的时候，同样也在选择信得过的销售员。对于很多谨慎的客户来说，他们是真的需要一些时间对业务员、公司、产品等进行考察。在对这些都还不能完全信任的时候，他们通常会用“让我考虑考虑”来委婉拒绝。这种情况下的合作可能性是非常明显的，只是时候未到。此时，若是销售可以真诚、热情、主动地对待客户，相信客户很快就会下定决心，做出选择。

除此之外，一些性格优柔寡断的客户，也常常会说让自己考虑一下。对于销售员给他们推销的产品，他们常常会陷入究竟买不买或者到底买哪种款式的产品的纠结之中，这种客户往往不擅于表达自己的想法。面对这类客户，销售员要学会“釜底抽薪”，即找到客户最担心、最顾虑的点，然后当着客户的面将其打破。例如，一位先生打算购买一套房子作为婚房，可他总是担心未婚妻不喜欢房子的格局，这时，销售可以建议他带未婚妻一起过来参观，或者利用视频通话，为未婚妻对房子进行一次“直播介绍”，让他的未婚妻给出建议。另外，有些客户之前有过上当受骗的经历，他们不再轻易相信任何销售，那么作为销售，我们可以把各种保障他权益的措施罗列出来，让他安心。

总之，当客户一而再再而三地说要考虑考虑时，不要催促客户，但同样也不要只是等待。这是客户还有疑虑的信号，我们接下来的任务是找到客户的顾虑，并帮客户打消它、解决它。

已经到了最低价，客户还要降价，该如何聊

在商品交易的过程中，很多销售员为了抓住客户的心，一味地降价，但这并不是长久之计，因为每件商品都有其成本价，当销售价格快要接近成本价时，销售人员会咬住这个价格不放，但如果遇到“砍价狂人”，非要坚持继续降价时，

销售人员又该如何说服客户呢?

一些富有经验的销售人员常用的方法有四种。

先发制人，直接报价

很多旗舰店、专卖店通常会贴出这样的标语："本店商品，概不还价。"如果有顾客在购物时习惯性询问能否降价，销售员则会很礼貌地指出："不好意思，本店谢绝还价。"这样就可以轻松避免了与客户讨价还价的口舌之战了。

不过，实施这种直接标价的办法必须要有一个前提，那就是产品本身质量过硬，又流行，销售很好，并不会因为价格高低而直接影响到顾客的最终购买行为。否则，这种定价方式就会拒客户于千里之外。

进行多重报价，圈定范围，让客户无还价的理由

何为多重报价？多重报价的含义，就是在销售聊天的过程中给客户提出三种选择方案。因为如果只有一种方案，客户会本能地进行讨价还价。可如果销售人员多重报价就能让客户的注意力从"讨价还价"转移到"哪种方案更合适"上。

采取巧妙的报价方法

当销售人员给出的价格真的到了底线，无法再降时，则可以换一种方法劝说客户。例如，之前市面上流行的某品牌口红，销量较高的几款单品在售价 280 元至 400 元不等，这个价格让一些消费者感到有些难以接受，这时我们可以帮助客户进行一次细算："一支口红能用 10 个月左右，这支口红才 280 元，折算下来，平均每天才不到一块钱，您想想这还贵吗？"

让客户相信你已经尽力了

在向客户做价格解释时，销售员应该从客户的角度出发，让客户感觉我们的确是想为他们降价。"稍等，我去打个电话跟老板申请一下。""这个价格恐怕不行，我得和财务进行一次核算。""我们公司最近针对 VIP 客户的确有一部分的促销返利活动，我去协调一下看看能不能帮你要个名单。"当我们这样对客户说时，即便最后依旧无法降价，客户多少也会理解我们的苦衷，不但不会责怪我们，反而

觉得我们是事事为他们考虑的，也就不会再因为价格过于难为我们。

大学毕业后，刘婷选择了销售这个行业，五年的销售经验让她面对各种客户的不合理要求时，总是能出奇制胜。

一天，又有一位客户嚷着叫她降价。客户对她说："我这次的订货数量可不少啊，总共五万元，在价格方面上能不能降点儿呢？"

刘婷郑重地说："实在不好意思，我们没有给您高价，这已经是我们产品的底价了，不可能再降了。"

客户有些不理解地问："数量这么多也不能吗？"

刘婷回复说："那您稍等，我打个电话请示一下上级领导。"说着，刘婷掏出电话往一边挪了挪，几分钟后，刘婷挂断电话，回到客户身边解释道："价格的确是不能再降了，对于您这笔订单，公司也十分看重，但是价格已经是最低了。其实，您也知道，我们的产品是从没有过降价活动的……"

客户有些不甘心地继续问道："可别的公司都答应给我折扣，你们为什么就不能给点优惠呢？"

刘婷笑着说："其实，我们都知道那些答应您的优惠已经摊到已有价格上了。我们是不会这样做的，我们现在的价格已经是最低价了，绝不会在价格上弄虚作假。"

客户听完仍然不死心："看在我购买这么多的份上，多少再给一些优惠吧！"

刘婷微笑地说道："真的非常抱歉，在价格上我们确实没有什么办法了，谢谢您对我们产品的一贯支持，但是对于降价实在是让我们很为难。如果还能降价的话，肯定会给您最低的折扣。要不这样吧，我个人可以赠送给您一份价值300元的精美礼品，您觉得如何？这样的话就相当于给您降价了。"

客户听完点了点头。

很多客户在之前和销售员的博弈中，因为销售员一味地降价，于是认为销售员有利可图，久而久之养成了还价的习惯。这种现象的发生只能说是没有经验的销售早前给自己挖的坑。

虽说客户是上帝，但是销售员也要做到不卑不亢，不要一味地迁就客户，因为客户的要求是无止境的，有了这次的让价，就会有下次的让价，销售员是应付不完的。对于那些触犯自己价格底线的客户，销售人员应当运用各种方法委婉地告知客户，合适的产品只有卖给适合的人才能发挥出产品自身的最大效益和体现你的销售价值，拖延时间对买卖双方而言都是不可挽回的损失。

第8章

签单的关键时刻，聊的话不在多而在精

不少销售人员在与客户谈单时，常常会犯同一个错误，就是为了避免冷场而不停地说话，不断地向客户介绍产品内容。可实际上，我们在谈单时，话说得多，客户却未必能够听到心里去。我们要做的应当是与客户沟通互动，并在关键的沟通节点上对客户进行有效的话术引导，借此来保证整个沟通过程的顺畅。对销售人员来说，话不在多，而在精，这是销售业的重要法则。

成交的关键时刻，废话太多往往会“节外生枝”

日本一位销售大师曾说：“越是无能的销售员废话越多。”做销售并不是一味地说“贯口”，而是要简短、精炼，如果你说的话并不能打动对方，那么你就要反思一下，是否在与客户聊天的时候你的废话太多了。什么是废话？就是你所说的并不是对方想听的。要知道，如今的消费者其实也并不容易，每次面对销售，他们的耳朵都被迫被灌输大量的废话、假话和空话，这难免使人心浮气躁。

在美国，一所大学对超过 500 名消费者进行了问卷调查，在“你最讨厌销售人员用什么方式对你进行推销”的这个问题上，回答结果是有 44%的消费者认为“销售员讲话太多了”，有 21%的消费者认为是“对产品性能过度承诺”，这些填写问卷调查的消费者普遍认为推销员在介绍产品时总是讲得太满，废话连篇，这令他们感到厌烦。

相信绝大多数人都曾有过这样的体验，最开始的时候对一件事或者一个话题心存好感或有兴趣，但当这件事或者话题反复出现在面前时，我们就会开始变得对此不上心，甚至感到反感。这种现象在心理学上叫作“超限效应”，它是指刺激过多、过强或作用时间过久，从而引起心理极不耐烦或逆反的心理现象。

在销售行业，一些交易没谈拢的背后都有超限效应在作怪。很多时候，客户需要的只是商品实实在在的信息，而不是销售员滔滔不绝的废话。那些没话找话的尬聊和絮叨只会让客户认为销售员很不专业，客户会觉得和这样的销售员打交道简直是在浪费自己的时间。

作为一名销售人员，热情地为客户提供服务是必要的，但这并不意味着就要一直废话连篇地缠着客户。销售员在推销时让客户感受到超限效应的原因一般有以下三点。

极度缺乏自信

这类销售人员太想把每一次销售都做好，他们早早做了准备，可当他们面对客户时却打心底里感到焦虑，越想表现得好就越紧张，结果导致言语错乱，只会重复那么几句话。

总想面面俱到

与上一种情况相反，这类销售员在生活中往往相当自信，他们拥有好口才，煽动力强，演讲水平也很高，但由于他们害怕客户听不懂，于是习惯将产品的介绍讲得过细、过长，结果反而引起客户的反感。

卖弄知识

这类销售员过于自我，在推销时总想利用各种话题吸引客户的注意，他们总是自诩天文地理无所不知，天南海北无事不晓，每次与客户聊天只要一有机会开口说个不停停，实在令人不胜其烦。

作为销售人员，要明白一个道理，与客户热情聊天的同时应该做到最大限度的无干扰，这样其实更能让客户感到舒心。商业沟通，特别是旨在诱发客户态度改变的说服和引导都必须避免无意义的重复，否则只会起到适得其反的效果。特别是在成交的关键时刻，一定要注意，不能说过多的废话，而是要把话说到点子上，如此才能快速促成交易。

适当使用激将法，聊一些敏感话题

中国有句老话叫“请将不如激将”，想让一个人去做他原本并不想做的事情，“激将”常常是一种非常奏效的策略。“激将”需要提出者通过隐藏的各种手段，让对方进入情绪激动状态从而导致对方情绪失控，然后去执行你想让他执行的事。说到底，人是有感情的动物。在销售过程中，销售人员若能巧妙地运用激将法，激发客户的感情，一定能收到积极的效果，取得更多的成交机会。

在瑞士苏黎世机场的某品牌免税店里，一位意大利富豪和他的娇妻对一款标价 6 万欧元的百达翡丽手表表现出了浓厚的兴趣。店员对这款女士手表作了简短的介绍后，便不再聊商品，而是将话题引到了别的地方。他对这对衣着光鲜华丽的夫妻说：“之前一位好莱坞的女明星曾对这款手表爱不释手，然而就是因为价格偏高，最后她选择了另外一款手表。所以，我建议你们看看那款……”

那位意大利富豪在听了店员的话后，当机立断地说：“不用看了，我就要这一款了。”

在选择商品的时候，顾客有着各种各样的购买动机：有讲究物美价廉的，有追求时尚前卫的，也有出于“炫耀”“斗胜”心理的。显然，在店员不留痕迹的言语刺激下，那位富豪选择购买这款价格高达 6 万欧元的手表以此表明自己比好莱坞的明星出手更阔气。

有些时候，销售员使用激将成交法不仅能够减少客户的异议，还可以缩短整个成交阶段的时间。适度的激将不仅不会伤害客户的自尊心，还会在购物过程中满足客户的虚荣心。不过，需要注意的是在采用激将成交法时一定要给予顾客充足的面子。一个聪明的销售人员绝不会用强硬的语气逼问客户“你到底是买还是不买”或者“你能否买得起”这样的问题。如果真的有人在销售中询问了以上问题，恐怕激起的不是客户的虚荣心，而是客户的怒气，甚至招来客户的反感乃至怒骂。可一旦将这种方法使用得当的话，你会发现，那些面对商品表现出“可买可不买”态度的客户会瞬间打消心中的犹豫和顾虑，痛快签单成交。

张勇大学毕业后通过校招进入一家IT公司上班，这家公司的工资待遇很好，年底的时候，还给张勇多发了两个月工资作为年终奖。这可把张勇高兴坏了，他很久以前就想拥有一辆自己的小汽车，于是他带着年终奖和平时省下来的钱满怀期待地去了车市。

在出发之前，张勇就对自己说这次买车款最多不能超过8万元。可当他来到车市看车时却被销售员小姐轻描淡写的一句话给刺激了。销售员小姐对在中档车展区观看车型的张勇说：“这个展位的车没有低于10万元的，我带你去低档车的展厅看看吧！”

销售员小姐的这句话让张勇不禁感到有些窝火，他立即回击道：“我看看怎么了，我说我想买辆8万元以内的车，又不是说我只有8万元钱。”此时的张勇心里憋着一口气，最终，他硬是在这个展区里购买了一辆价值11万元的车。

在销售与客户“斗智斗勇”的博弈中，常见的激将话术有：

“先生（小姐），您给出的价格连上一代产品都买不下来，更别说这款升级版了。”

“您好，这边的展柜都是今年的新品，不打折。我还是带您去看看另一边的折扣区吧！”

很多消费者在自尊受到挑战时，往往会为了维护自尊偏要买下眼前的商品。尤其是当情侣或是夫妻一起购物时，销售员为了尽快结束对方讨价还价的行为，只要略施激将法，男顾客就会最先中招，并很快做出决定，因为他们不想在异性面前丢面子。

在销售行业，激将成交法是一种比较冒险的销售方法，仅适用于特殊的客户，不可广泛使用。销售员在使用激将成交法时应清楚一点，激将成交法一般用的是言辞，而不是销售员的“态度”。所以，推销员千万不能为了激起对方的自尊心而甩脸子、拍桌子，这不仅有失风度，还会让对方产生厌恶的情绪。

在聊的过程中，进行巧妙暗示

在生活中，我们无时无刻不在接收具有暗示意味的外界信息。例如，电视机里播出的广告，很多时候，我们有可能无法完整回忆起整个广告的影像，却总是对一些令人印象深刻的广告语“回味无穷”，从而对该产品产生极大的关注，不由自主地去购买这个产品。其实这种行为就是一种无意识的行为，是广告语言暗示的结果。因此，销售员也可以借助暗示语言的力量，在客户心中产生影响力，在客户的潜意识中留下印记，从而使说服的效果更为显著。

在销售沟通中巧用暗示，可以避免客户直接拒绝，是销售进程中连攻带防的最佳策略。用心理暗示影响客户的观念，改变其思想认知早已成为金牌销售的手段和方法，他们从一开始接触客户时就做好充分的准备，向客户做有意识的、肯定的暗示，使客户从一开始就走进他们设定的“圈套”。

琼恩是美国一家医疗器械的销售经理，老板对他的能力青睐有加，因为他总能在面对不同客户时施展出不同的沟通策略，并且总能取得不错的效果。有一次，琼恩预约了一位私立医院的院长，在距离这家医院不远的一家咖啡馆，琼恩掐着约定时间的最后半分钟出现在院长的面前，琼恩一边挂断电话，一边气喘吁吁地对院长说道："不好意思，让您久等了。上午刚和 ×× 医院签了一份合同，来的路上接到 ×× 医院的咨询电话，所以车开得比较慢。"

院长放下咖啡杯，指了指墙上的挂钟笑着说："没事，是我来早了。你看时间还不到三点，你来的刚刚好，没有迟到。你们公司还跟 ×× 医院有合作啊？真是了不起，那家医院可是业内的榜样。"

琼恩很随意地说："是的，我们公司和他们已经合作两年了，可以称得上是我们的老客户了，我们一直合作得很愉快。"

"哦，是吗？你之前电话里说你们公司新研发了几款医疗设备，能和我说说具体的情况吗？"

在这段与客户见面的对话中，琼恩故意踩点赴约，并透露了许多信息：自己业务繁忙，客户范围广，与客户合作关系稳定等。这些信息无一不从侧面暗示客户这样一个事实：选择我及我的产品是最英明的决定。受这种暗示的影响，客户对琼恩放下了心理戒备，要不然怎么会迫不及待地让琼恩为自己介绍产品呢？心理暗示法虽然只是一个小技巧，却能让顾客对销售员产生深刻的印象，这种方法非常简单，有时能够取得惊人的效果，使那些坚持己见的顽固顾客在不知不觉间答应成交。

当人们在购物时，其思维会受到推销员话语中信息的影响，让他们不知不觉地产生想要购买某款商品的心思和念头。一些富有经验的销售员总是可以借助语言的暗示力量令客户回心转意，最终收获说服对方的结果。那么，销售员具体有哪些暗示性的语言可以激发客户的购买欲望呢？

“当您使用它的时候……”

在和客户沟通时，销售员要习惯说“当您使用它的时候……”而不要说“如果”“假如”等。“当您使用它的时候……”这样的说法具有非常好的暗示效果，它向客户的潜意识里灌输了客户已经购买了这件商品的信息，我们现在是在教客户怎样使用商品，而不是说服他购买，这样就避免了客户的抵触情绪，激起了客户对产品的占有欲。

比如，“当您使用这款新款手机的时候，它会在很大程度上提升您玩游戏的体验，我敢肯定您一定会非常喜欢它的”。而如果我们用“假如您有这样一款手机……”这样的语言会使客户产生这样的感觉:“我也许会拥有它，也许不会”。

“我们来……”

销售高手总是喜欢用“我们来……”的句型刺激客户的购买欲望，因为这样说可以营造一种合作的气氛，让客户以为销售员和他是同一阵线的，而不是相互对立的，这样可以减轻对方的压力，更容易使双方达成共识。例如，销售员对客户说“我们来看看,当我们想要购买这款产品时能得到哪些额外的优惠”就比“你今天购买产品，一定物超所值”听起来舒服得多。其实，两种说法想要表达的意思是一样的，但是“我们来……”的句型让客户更容易接受。

肯定性词语

作为销售员,我们不能说“不买吗”“不喜欢吗”“不便宜吗”等否定性词语，因为这样会给对方带来“不买”“不喜欢”“不便宜”等消极的心理暗示。我们应该说:“我相信,您一看到它,就会有一种想要拥有的感觉……”“你一定会喜欢的，这套产品真的很便宜”等。使用肯定语句，能够给予客户积极的心理暗示，同时也能引导客户给出肯定的答复。

语言深刻地影响着每个人的思维和行为，因此，在销售的过程中，尤其是成交的关键时刻，用一些肯定性的暗示词语对成功销售是大有帮助的。所以，销售员在平时不妨多留意这类语言，并注意多多练习，让它们成为我们销售中的好帮手。

聊一些客户失去这个产品后的糟糕感受

在陈奕迅的经典作品《红玫瑰》中有这样一句歌词：“得不到的永远在骚动，被偏爱的都有恃无恐。”在爱情中，人们总是对于得不到的人念念不忘，对已有的感情却不珍惜。这种心理放到营销中也同样适用。很多消费者对于自己喜欢的商品总能投入十二分的热情，他们迫切地想要得到心仪的商品，可有时因为商品价格的限制，难免会让一些消费者感到一丝犹豫。这时，就更需要销售员对其进行引导，用巧妙的话术赶走客户心中的犹豫，使其下定决心进行购买。

卢月在很多朋友眼中是个能说会道的女孩，这源于她几年时间中所积累的销售经验。几年前，卢月开了一家精品箱包店，最开始的时候销量并不理想，尽管她的店铺的选址很好，每天都有固定的人流，可笨拙的口才让她难以打开成交的突破口。看着高昂的房租水电，卢月褪去了创业时的那份热情，悄悄打起了退堂鼓。可就在这时，一个转机让卢月看到了希望。生意不好的那段时间，待在店里无所事事的卢月经常会上网看一些脱口秀节目，她对这些节目很着迷，她试着分析自己着迷的原因，她发现最吸引自己的是节目中主持人讲述的一个又一个有趣的故事以及分享自己或朋友的真实经历。

于是，卢月也学着脱口秀栏目中主持人的样子，开始“游走”于各个客户之间。卢月还会在每天打烊后去各大论坛找寻灵感，随后用自己的语言对素材进行加工，把那些素材变成自己的“真实经历”。

卢月给客户讲得最多的是一个她小时候所“真实经历”的故事，每当遇到产生购买兴趣和欲望却迟迟不肯掏钱的客户时，卢月就会说：“现在的箱包价格比十年前便宜多了，我记得以前上学那会儿看中了一个包，可当时因为穷，也没什么钱。就想着一边攒钱，一边等着店家搞活动，看看能不能再便宜点。可期待中的活动一直没来，反而在我快要攒够钱的时候发现那个包包被卖掉了，我当时询问店员还会不会再进货，店员的回答是厂家已经不生产了。唉，当时真的感觉很伤心，喜欢很久的东西却没机会得到了。自那以后，再遇到喜欢的东西，我会想尽一切办法买到手，即便是和朋友借钱。借钱总能够还清，可包包一旦错过了就真的错过了，到现在我还能非常清楚地记起那款包包的颜色和款式。”

卢月的“糟糕感受”配合她追忆的模样令很多客户感同身受，也让他们当中的一些人打定主意购买自己相中的包，因为他们不想在未来的生活中也像卢月一样感到后悔。

不得不说，卢月是个聪明的女孩。她的聪明在于利用自己改编的故事向客户传递一种失去商品的糟糕感受，从而激发客户的购买欲。像卢月这样的销售，在业内并不少见，他们通过讲故事来提炼核心、赢得客户信任、唤起潜藏在客户内心的情感，这是销售话术中最具说服力的一种。毫不夸张地说，不会讲故事，就称不上一名合格的销售。

在销售中，运用故事来阐述客户在失去商品时的痛苦心理，收到的效果远比你想象的要好得多，尤其是真实的故事，对客户往往更具说服力。真实的故事并不难讲，你甚至可以将发生在别人身上的故事据为己用，只要你讲述得生动，往往就能让客户产生心理共鸣。

尤其是当你面对的客户对商品产生购买欲时，销售正确的做法更应该趁热打铁，让客户明白，假如一直拖延下去，最后只会损害客户的利益。我们可以这样对客户说：“这么贵重的商品，购买前考虑一下是应该的，也更稳妥。不过，您要明白，有些时候机会不等人，可能当您下次再踏入小店的时候，您喜欢的这件商品就已经被卖完了。”如此一来，相信有一些客户会立即下单付款。

欲擒故纵，聊一些与交易无关的事情

在销售中，相信很多人都遇到过这样的情况：你越是急切地想将商品卖给客户，客户就越是躲着你。这是因为在客户看来，销售员越是表现得热情，就越说明销售员心中有鬼，是不是价格给高了才着急成交，是不是商品暗藏什么问题才急着脱手，因此，客户不得不有所戒备。

在销售的方法中，有一种策略是“欲擒故纵”，也就是说当我们非常想要将某件商品推销给客户时，如果客户没什么回应，是慢热的性子，那么我们一定不可以操之过急，此时不妨采取迂回的方式进行。

比如在和客户商谈时，我们可以这样和对方说：“您的眼光真好，这件衣服在我们店已经断货好几次了，要不是和供货商熟，我们都进不到货了。不过这次再卖完，恐怕下次进货还要等很长一段时间了。”或者说，“王经理，这样吧。你可以把我们提供的样品拿回去跟其他公司的产品对比一下，然后考虑一下这个价格是否合适。我们的性价比在这儿放着，如果价格再低，我想我们是不会做的。”

作为销售方，我们采取欲擒故纵的策略时，首先得让对方看到我们产品的优势以及成交后能给对方带来的便捷和利益，让产品抓住对方的心，调动对方渴望成交的心理。同时，适当表示出自己对交易淡漠的态度，聊一些与交易无关的事情，从而迫使对方为了达成协议把话题重新带回交易本身并作出主动让步。

原一平年轻时曾向一家汽车配件公司推销一笔大单，他通过朋友得知汽车公司老板的爱好以及老板想要为公司全体员工买保险的想法。原一平费了一番周折终于约到那位老板在网球场见面。

见面后，原一平先是郑重地介绍了自己的职业，随后便拿起球拍招呼对方走入球场，几个回合之后，原一平败下阵来，他笑着将提前准备好的瓶装饮用水递了过去，并夸赞对方球技高超。

汽车配件公司的老板听完十分舒坦，随后原一平又聊起了对方的爱好——网球。原一平聊到当时正在转播的蒙特利尔网球大师赛，分析了每个选手的打球风格和伤病情况，并提前预测了今年的大师赛冠军归属。老板被原一平的话所吸引，不知不觉两个人在球场度过了一个愉快的下午。

傍晚五点，原一平起身与对方握手，面带微笑地说："这次谈话很愉快，虽然还想和您分享一些有关网球方面的信息，可今天是我妻子的生日，因此我必须早点回去与妻子享用烛光晚餐。"

老板点头表示理解，就在两人走出网球场的时候，老板终于忍不住开口询问道："原一平先生，你不是来和我谈保险的事吗？"

原一平闻言却表现得十分"疑惑"，他问老板："怎么？您本人想要办理保险业务吗？"此话一出，好像对方是主动贴上来询问保险业务一样。

可既然开了口，汽车配件公司的老板就得自己提出保险的条件，他想了一下说道："我们公司有员工150余人，我想给他们全都买一份意外伤害险，之前有一些保险公司的人来找过我，最低可以给我市场价格的八五折，你看这样行吗？我也只要八五折的优惠，如果你能同意，那么就请明天到我公司进行信息采集。"

原一平依然表现得平静如水，可内心却无比激动，要知道，他原本的底线是给对方八二折的。原一平假装思考着，过了半分钟，他才缓缓开口说道："非常期待明天与您的见面。"说罢，原一平伸出手与对方握了握，便"焦急"地离去了。

后来，原一平在自己的自传中回忆道："那一次交易能成功，或许是因为我在业务上表现得很冷淡的缘故吧！”

在销售中使用“欲擒故纵”术，时机和度都很重要。销售员不要一开始就向对方表现出“志在必得”的态度，而是要摆出客观事实，尽量表现出“成交与否对我影响不大”的冷淡态度，这反而会令对方担心不能成交，从而激起对方成交的欲望，降低其谈判的价码。这种策略本质上是为了软化和麻痹对方，达到以守为攻的目的。但这种方法谈判前期就要精心布置，保证自己淡定随和，不露痕迹，将对方一步步诱入自己这一方的“陷阱”。那么，这种策略要如何展开呢？销售人员可以学习下面三种迂回战术。

假装告辞

如果你希望客户主动了解信息，那么最好不要一开始就把所有信息都告诉他，一定要有所保留，从而激起客户的好奇心。

很多金牌销售都善于运用这种技巧。他们为了更有效地利用时间，与客户谈话的时间会尽量控制在五分钟之内，即便有些产品的参数很复杂，他们表述时最长也不会超过十分钟，而是经常话讲了一半，客户正听得起劲时就借故告辞了。结果因为这个举动，在他们下次拜访的时候，常常会与客户相谈甚欢。

另外，还有些准客户性格优柔寡断，他们虽然对你的产品有兴趣，可是拖拖拉拉，迟迟不做决定。这时，你不妨故意收拾东西，做出要离开的样子。这种假装告辞的举动，有时会促使对方下决定。

用优厚的条件吸引

如果客户一开始就被你抛出的优厚条件所打动，那么，即便之后你提出一些对客户不利的条件，大部分人也能接受。这是人们的一种普遍心理，许多销售正是利用人们的这种心理，往往会在一开始就提出极具诱惑性的优厚条件来麻痹对方，突破对方的心理防线，从而为自己之后适当提价创造条件。

给客户一个想象的空间

在对待客户想知道我们会给他什么样的利益的问题时，可以避而不答，但在回避的同时也要留给对方一定的想象空间。越是对方想知道的，我们越可以晚一点说，一来客户可以充分同我们做好配合，二来客户也会更加主动。因为他认为自己会有利益，但是不清楚有多大的利益，他们往往会因此做出一些让步。

另外，需要注意的是，一般情况下"欲擒故纵"的策略不会立马见效，因为从"纵"开始到"擒"的时机成熟可能需要比较长的时间。作为销售，我们应有耐心，紧随勿迫，时刻观察对方的变化，为自己的进攻蓄力。若是没忍住，则很可能会被即将进入"陷阱"的客户识破我们的意图。

第9章

提高聊天能力，勤于积累和学习

想要成为一名业绩卓越的金牌销售，是没有太多捷径可走的，一个新人想要尽快融入销售行业，前期最应该做的事情就是先将销售知识搞懂，然后再去研究如何与顾客说话。提高聊天的能力，是为了能让你与客户更顺畅地建立起联系，从而达到销售的目的。提高聊天能力的过程是漫长的，除了多说勤练以外，我们也可以通过看书和学习积累知识，来不断增强我们的表达能力。

不怕尴尬，多聊才能会聊

很多入行时间短的销售人员普遍不具备强大的交际能力，多数时候他们在与陌生客户聊天时会在不知不觉间“把天聊死”,使谈话气氛降到冰点。通常情况下，“尬聊”很难继续下去，因为一问一答间，没有新的话题产生。如果客户对我们的印象不错，那么可能会寻找新的话题；但是如果对我们的印象不好或者根本没有印象，那么只会僵硬地回答我们的问题，并且随时准备结束话题。这样的局面是最可怕的，不仅客户会感到不耐烦，恐怕经历的次数多了，连我们自己也想要逃避。

一些经验浅薄的销售员在制造了几次冷场后，要么心灰意冷，对自己产生怀疑和否定，继而退出销售业；要么逐渐将精力由线下转移到线上，希望能够通过电子商务的形式扭转惨淡的销售业绩。可无论哪种方式，这些害怕尴尬的销售员都无法取得很好的效果。对于销售而言，聊天遇到尴尬并不可怕，比“尬聊”更可怕的是自己没有一颗强大的内心。

聊天是一门艺术，在通往这门艺术的殿堂的道路上销售员需要花费更多的时间积累经验，倾注更多的心思研究话术，才能在面对客户时化解冷场，摆脱“尬聊”。一些老练的销售员遭遇冷场时，总能用寥寥几句话将令双方感到无趣的话题轻松带过，让大家从中解脱，重新回归正常的谈话。这些能够快速救场的销售员并非“天赋异禀”，他们当中很多人最初也很笨拙，在面对客户时紧张到连一句完整的话都说不出来，可他们内心强大，在尴尬的聊天中越挫越勇，从而在后来的销售生涯中逐渐学习并掌握了让客户感到舒服的聊天方式，他们成功的方法只有一个，就是与客户多聊天，只有多聊才能渐渐变得会聊。

陈多多在同学眼中是个外向的人，大四上学期，陈多多在哥们儿的推荐下进入一家销售公司实习。在外人看来，能说会道的陈多多一定可以胜任这份工作，可其中的艰辛只有他自己最清楚。

由于工作的性质，陈多多经常要东奔西跑约见客户。结果经常是，他花费一个小时甚至更久的时间乘车来到对方公司，可没聊五分钟就被对方给打发了。在最初的那段时间里，陈多多从客户口中听到最多的两句话是“我先考虑考虑”“我有点事情要处理一下”。

大家都知道，一旦客户说出这样的话，就意味着“关门送客”，今天的会面也就到此为止了。这令陈多多十分苦恼。他忽然意识到，在交谈的时候，自己总喜欢把话题说得很具体，而对方则会顺着话题的方向直接概括出结论，言下之意是“我知道你卖什么了，你不用多说了”。

陈多多在图书馆查找了许多有关聊天谈话的资料，他弄明白了一点，客户口中那些概括化的语言模式被称为上堆，上堆就像在对话中升起一个防护罩，拉开了陈多多与对方之间的距离，客户选择用上堆的模式应答并不一定是不愿意交流，而是由于内心的不安全感导致的下意识的一种反抗。换句话说，就是对方不一定是对产品不感兴趣，也有可能是因为不信任你。

陈多多想通这一点后，立即着手解决这一问题，与上堆相对应的是下切，在谈话中利用下切技巧可以传达出友好的态度。于是，陈多多再见到客户时，并没有一上来就先讲产品，而是与对方寒暄客套，尽量牵引着话题的方向，不让对方说出上堆的话语，同时利用下切的技巧不断营造出一个愉悦的聊天氛围。在聊天的过程中，陈多多也并非一直东拉西扯，而是一直尝试找寻对方感兴趣的话题，收集对方的相关信息，并尽量结合已知的信息找寻介绍产品的切入点。

虽然在大多时间里，陈多多每天依旧在做着“无用功”，可他一直坚持约谈客户，在与客户的聊天中不断增强自己的语言表达能力，正是那段艰苦的时光为他日后卓越的口才打下了坚实的基础。

现在的陈多多已经晋升为这家销售公司的副总经理，他一个人的销售业绩就能顶半个部门的销售量。在他的手机通讯录中，有超过一半以上的联系人其实和他只有一面之缘。有一个朋友曾经问过陈多多，他是如何快速突破对方的心理防线，让对方甘愿将联系方式告诉他的。

陈多多没有正面回答，而是反问道：“如果现在让你去要一个陌生女孩的电话号码，你会怎么做？”那人想了想说：“直接上去要呗！”

“如果被拒绝了呢？”陈多多继续问道。

“那就证明没有缘分呗！唉？你问这个做什么？”

“没事，我让你看看我是怎么做的。”陈多多一边说着，一边走向迎面而来的一个女生，“嗨，美女，可以认识一下吗？”

正在低头看手机的女生显然被陈多多吓了一跳，她打量了一下陈多多，刚想回绝。只听陈多多有些“不好意思”地解释道：“对不起，我知道这个请求听起来很唐突，但当我第一眼看到你时，我就觉得，如果不主动和你说句话，那么未来的我一定会为今天的懦弱而感到后悔。”

女生闻言，脸唰地一下红了，用一种很小的声音询问说：“是要手机号还是加微信？”

这突如其来的转折让在后面不远处看热闹的朋友惊掉了下巴！

在销售人员还未掌握聊天技巧时，大多数人在面对客户时都会下意识选择上堆的语言模式，并且还很容易受到自己情绪的影响。例如，一个销售员在推销产品时被下了逐客令，那么他会很容易得出人家不喜欢他的产品这一结论，殊不知，对方拒绝他的原因其实还有很多，最主要的一点是对方没有继续聊下去的兴趣和欲望。

很多销售总是抱怨客户冷漠，当自己表明身份后，对方就不愿与自己继续交谈，因此他们只好放弃，并在心里安慰自己是对方不识货。这其实是一种自欺欺人的表现，因为他们从未反思过自己可能存在的问题，也没想过如何改进自己与他人沟通的方式。销售表面上看是以数字说话的，但是从深层次来说是以语言说话的，我们与客户聊得越多，成功的概率也越大，而技巧则决定了聊天的效果。会聊天的人，在短短的时间内，能让客户对自己的产品印象深刻，能改变客户的想法，能让客户肯定销售人员的意见。会聊天，不仅是一种技术，更是一种本事，没有天生的“聊天王”，所谓的会说话，不过是熟能生巧，聊得多罢了。

每一次拒绝，都是提高聊天能力的机会

在提高销售能力的路上，很多销售人员因为紧张、胆怯等原因，羞于在客户面前开口。其实，勇敢表达，大胆说出自己的产品，即便被拒绝，你至少也能得到一次锻炼自己的机会。

美国著名保险营销大师弗兰克·贝特格向别人介绍自己如何提高口才的经验时说：“我借鉴了自己大学时在舞会上邀女孩子跳舞的方法，如果被拒绝了，我会换一个目标，同时换一种说辞，直到有女孩子愿意和我跳舞为止。”

无论你是想成为一个像弗兰克·贝特格那样出色的销售大师，还是只想在客户面前从容不迫地讲话，你都应该珍惜每一次被客户拒绝的经历，因为这些失败的经历能够让一个人迅速成长。就好比小时候学骑自行车，不摔倒几次，便永远也学不会骑行。销售口才也是如此。如果你不开口说话，即使学到了再多关于口

才或发音的技巧，也不可能真正使用它们。即便是大名鼎鼎的弗兰克·贝特格也是在被多次拒绝后，才真正邀请到了舞伴。

做销售最怕的不是各种难缠的客户，不是客户的刁难，不是客户的拒绝，而是被客户拒绝后内心产生的灰心以及自己为自己找的各种借口、各种抱怨。一个成功的销售人员是不会怨天尤人的，更不会因为一次次的拒绝而放弃，销售本来就是一个非常辛苦的工作，如果被客户拒绝几次就感到厌烦和恐惧，那么你永远也不可能成为销售大师。

提及“肯德基”这个品牌，相信生活在城市中的人无人不知。这个来自美国的连锁的炸鸡店颇受国人的喜爱。

哈兰·山德士早年是一家炸鸡店的老板，他所烹制的炸鸡在当地十分有名，他那间最多可以容纳 142 人同时用餐的餐馆经常爆满。虽然生意不错，但山德士并不满足于这样的成就，为了满足消费者的需求，他又在餐厅旁边加盖了一座汽车旅馆，供过往的司机休息。

如果不是后来政府修建高速公路使得山德士的餐馆被迫关闭，或许这样平淡的生活会伴随他一生。餐馆关门后，山德士一下子从一个受人尊敬的餐厅老板变成了家徒四壁的穷人，每个月靠着为数不多的救济金生活，山德士并没有认命，而是带着一些工具和自己配置的炸鸡调味料上路，开始了自己的二次创业。

在山德士的脑海中，有一个宏伟的计划，他想通过授权的方式让美国所有大城市的居民都能吃到自己的秘制炸鸡，这是一个疯狂的想法，而山德士则要通过自己的努力让它变成现实。然而，最开始的时候，山德士的推销并不顺利，甚至是极其糟糕的。不仅没有饭店愿意掏钱购买他的配方，同时他还经常会受到一些人的嘲笑和辱骂。一些人认为山德士是个骗子，无论他如何解释也无济于事，于是他只能走走停停，开着那辆上了年纪的福特车沿着美国 66 号公路孤独前行。

在后来很长的一段时间里，山德士一次又一次地被拒绝，但他始终未曾放弃，而是在被拒绝后从自己身上寻找失败的原因，并积极地更正这些有可能被客户拒绝的陋习。例如，20 世纪 40 年代，美国的交通法并不完善，各州对酒驾的处罚也各不相同，山德士是个爱酒的人，在他西装的口袋里，经常揣着一个不锈钢的小酒壶，偶尔开车累了，他就会小饮一口解解乏，但他并不多喝，每次只喝不到二分之一盎司的量，这在当时美国的许多州并不违法，但他向客户介绍产品时，口中若有若无的酒气却使得一些人感到反感。因此，山德士就将酒彻底戒掉，希望下一次见客户时客户不会因为这个问题而拒绝自己。就这样，山德士陆陆续续走了两年，向超过1000家的餐厅推销过自己的产品，但不幸的是，均以失败而告终。

虽然山德士在一次次被拒绝中也曾感到一丝气馁，但经过短暂的休息之后，他很快就能调整好自己的情绪，确保自己在与下一位经理人见面聊天时脸上能够洋溢出自信的神采。正所谓："天道酬勤。"山德士在自己的第1010次推销时，终于用诚恳的话语打动了对方，将自己的配方成功推销给了那名餐厅经理。由此，山德士的事业再一次怒放出绚烂的花朵，随后几年内，他的"肯德基"品牌迅速席卷全美，成为美国最受欢迎的美食品牌之一。

作为一名销售，如果你总被拒绝，你的反应不应是灰心，而是要总结经验，同时对那些客户心存感激，正是这些客户为你提供了积累经验的机会。就像山德士最开始推销配方时，也表现得十分笨拙，言语并不连贯，更谈不上什么文采和修饰，但这并非什么大事。最重要的是山德士在面对客户时敢于开口，并且能够坚持下去，最终他成销售高手。

多看一些访谈类节目，揣摩聊天技巧

随着观众需求的不断变化和提升，近年来，全国各大电视台的谈话类节目如雨后春笋一般不断冒出，掀起了一股访谈节目的热潮。其中一些较为知名的，例如《等着我》《大王小王》《非常静距离》《圆桌派》等节目更是受到观众的期待和追捧。这些节目之所以能够取得成功，除了能够邀请到一些有名气的嘉宾外，更与主持人在谈话中展现的完美的沟通技巧和语言艺术是分不开的。通常情况下，一个优秀的节目主持人除了要在节目录制过程中架起与嘉宾、观众沟通的桥梁，还要具备超强的感染力，能够通过自己的三言两语快速拉近嘉宾与观众之间的距离，让观众能够更清晰地感受到嘉宾的快乐与辛酸。

在与嘉宾的聊天过程中，主持人是整场谈话的掌控者，对引导嘉宾聊观众感兴趣的话题起到了非常重要的作用，所以主持人的控场意识非常重要。同时，在与嘉宾沟通交流时主持人会有很多即兴发挥的闪光点，可以利用自己丰富的谈话经验不断灵活地转变自己的提问角度，这么做可以有效增强与嘉宾的互动，让聊天氛围和谐而自然。可以说，一名访谈类节目的优秀主持人身上所具备的能力，是值得每一个销售人员用心学习揣摩的。

作为安徽卫视的一档访谈节目，《非常静距离》自从2009年开播以来收视率就高居不下，栏目主持人李静也以幽默辛辣与随意自然的主持风格深受观众的喜爱，凭借着这档栏目，李静获得了不少荣誉和支持。

曾有人评价李静的主持风格是“万花筒”，面对不同的嘉宾会绽放出不同的花朵，在采访黄磊孙莉这对夫妇的那期节目中，李静表现出一种亲人般的亲切随和。

在节目开始不久，双方讨论过年的事情，这时李静忽然转头问孙莉：“认识黄磊的人都夸他厨艺好，你说他（黄磊）一般过年最多能做多少个菜来招呼大家？”

孙莉想了想回答说：“十几个吧。”

李静假装咽了一下口水，打趣道：“啧啧，肯定很好吃，都有什么啊，让我过过瘾，我最近减肥呢，我听一听也满足了。”说完，她往前探了探身子，表现出非常好奇的模样。

李静这样的表现瞬间将双方的距离拉近了不少。在黄磊孙莉夫妻眼中，坐在他们面前的李静并不是一个节目主持人，而是一个喜欢拉家常的知心姐姐。

孙莉接过李静的话，聊起了厨房和美食，整个访谈的过程如同三个老朋友在家里聊天一样轻松自然。

“70后”的李静，早在2002年便与从事唱片产业的黄小茂结为夫妻，一年后诞下一女。因此，当有嘉宾在节目中聊起宝宝的生活细节等方面的话题时，她也能十分从容地接得上话，同时在问题的设置方面也能够引起嘉宾的兴趣。

在另外一期节目中，栏目组邀请到的嘉宾是事业如日中天的影星刘烨。刘烨在访谈中坦言自己平时工作很忙，多数时候都是妻子在照顾孩子。他对李静说，在孩子长牙时期妻子总是用一种“像饼干似的”食物来哄孩子，李静听后马上接话说那可能是“磨牙棒”，然后又给刘烨简单地讲解了一下磨牙棒的作用，刘烨听后恍然大悟。

李静在平时的生活中是一个十分幽默的人，她也经常将这种幽默带到节目中。在与刘烨聊了一会儿孩子后，李静转移了话题，她对刘烨说：“我觉得你现在身上有一种不一样的感觉，和结婚前相比，现在的你身上多了一种慈祥的光，整个人的状态也不像从前那么紧张了，感觉很松弛。”

刘烨没有反驳，而是有些“埋怨”地说：“也是，大半夜的在这里录节目吧，我这确实感觉状态有点松了。”

李静：“要不你先睡会儿？”

通过李静这么一问，刘烨和现场观众都笑了，对镜头有些拘谨的刘烨也很快放松了下来，聊天的气氛也顿时活跃了起来。

李静的主持风格多变，但无论哪一种都能给嘉宾和观众呈现出一种轻松融洽的氛围，一个被李静采访的明星曾在微博称赞她说，李静的节目与其说是“访谈”不如说是“交谈”，和她聊天很愉快。

类似《非常静距离》这样的谈话类栏目，主持人在节目中发挥着意想不到的重要作用。在交流的过程中，主持人与嘉宾有时候难免会产生不同的观点和意见，这时就需要主持人挺身而出，用充满艺术的语言去化解这种强硬的碰撞。在强调自己观点的同时更要照顾嘉宾的感受，这与很多销售人员在进行销售时遇到难缠的客户有些相似，但不同的是情商高的主持人总能让对方心悦诚服地接受自己的想法，而不懂聊天技巧的销售人员则在产生矛盾时得到一拍两散的结局。

其实，如果仔细观察我们就可以发现，虽然当前能在电视上看到很多的访谈节目，但被大众所认可的优秀的节目却寥寥无几。那些播出没多久就被撤档的访谈节目，不仅是栏目策划有问题，也与主持人自身存在的一些问题分不开。例如，主持人和嘉宾之间缺乏双向互动交流；思维模式比较固定，问题准备、采访话题、采访人物的类型化使许多访谈节目陷入一种僵化的模式中，难有创新；自我角色定位不准确，没有意识到真正的主角应该是嘉宾，有喧宾夺主的嫌疑；提问不精准，脱离了原定的主题，问一些没有意义的、不着边际的问题；提问的目的性太强，问题的设计痕迹过于明显，而忽略了交流的过程……暴露出的这些问题都是谈话类节目的大忌。同样，在销售人员面对客户时，也会犯与主持人相似的错误，从而导致客户对自己不予理睬。

想要成为一名优秀的销售，可以在业余时间观看一些有口皆碑的访谈类节目，在学习主持人谈话技巧的同时，强化自己的聊天技巧。不仅如此，销售人员还可以模仿主持人，树立起自己的形象和风格，形成与众不同的销售风格，从而吸引更多客户的关注。

关注热点事件，积累聊天资料

作为一名销售人员，每天都要和形形色色的人交流，而交流的前提是首先得有一个双方都感兴趣的话题。那么，销售人员在日常的交流中应该如何积累聊天话题呢？一些金牌销售的建议是从最近的热点新闻着手。既然是热点新闻，那么这件事的关注度一定很高，很有可能我们所见到的客户也在关注这方面的信息。如果我们可以通过这些信息引起对方的注意，并让对方开启“话痨”模式，那么我们会更加容易获取对方的好感和信任。

陆明是一家奶制品的销售，主要负责公司婴幼儿奶粉的销售和推广。2013年，陆明在与一家超市负责人讨论进货问题时，对方突然问了一句：“你对最近乳制品行业发生的事怎么看？”

听到这个问题，陆明先是愣了一下，这个问题问的范围实在是有点大，没有一个明确的目标，如果没有对这个行业有持续的关注和探讨，要想回答这个问题是非常难的。好在陆明平时比较关注自己所在的行业，他仔细琢磨了一下大致就猜到了对方所指的可能是“新西兰毒奶粉事件”。于是，他整理一下思路，然后清晰且有条理地针对这件事说出了自己的看法，并保证自己公司的奶源绝对不是来自那家产品有问题的企业。

对方听后点了点头，没有再在这个话题上停留，但在随后与陆明的交谈中显得更加热情，并从陆明那里进了很多货。

有时候，当客户抛出某个看似与产品不相关的问题时，销售员就需要多加留神了，虽然大多数时候客户可能也就是随口一提，但不得不说也有一部分客户是抱着试探的态度询问的，他们想通过这种旁敲侧击的方式来试探销售员对行业和产品的了解程度。这种提问方式让人防不胜防，对销售员平时是否关注该领域的信息具有最直观的考验。如果销售并不知晓对方问题所指的内容，或是对事件一知半解，回答得大而空，没有核心论点，那么对方可能就不会有和你继续聊下去的想法了。这就要求销售人员不仅要知道热点，还要对新闻和信息有进一步的解读和研究了。这是一件非常耗费精力的事情，但同时它能给我们带来的好处也是巨大的。就如同上述案例，正是因为陆明对客户全面解读了“毒奶粉”事件，并根据新闻报道的内容向对方陈述自己的公司与毒奶粉事件无关，才与对方迅速建立起了沟通的渠道。

美国一所商学院在 2018 年发表的一项研究表明：在销售业薪资前 20% 的那群精英中，他们向客户推销产品时言语内容只占到了 27%，语调占到了 36%，肢体语言占到了 37%。而在占比只有 27% 的言语内容里，其中谈到产品的内容更是少之又少。那些受欢迎的销售人员在与客户聊天的时候很少聊关于技术和理论的话题，更多聊到的是早间新闻、体坛快报等话题。由此，我们可以得知，销售人员在日常生活中需要多读些有关经济、销售方面的书籍、杂志，尤其是必须每天阅读报纸，了解国家时政、社会消息、新闻大事。对于这些热点话题，销售人员应尽量去了解它们的意义，而不是走马观花，象征性地看一看。

在看报纸或是杂志的时候，我们可以用一支笔将人们最感兴趣的新闻圈起来，反复阅读并深入思考，坚持一两个月后，你会发现自己的思想比以前更加深刻，与客户聊天的时候，会让你很容易想起它们。

一些销售人员的聊天水平之所以高，根本原因就是有丰厚的聊天素材积累，他们借助阅读不但丰富了自己的谈话内容，也增强了自身的知识储备，使其能够从容应对各种客户。

第10章

与客户聊天必须要懂一点心理学

人具有一定的共性，从而形成心理规律，产生心理学，比如羊群效应、登门槛效益、布朗定律等。与客户聊天，如果能够掌握这些心理学知识，就更容易把话说到客户心坎上，打动客户，让客户快速下单。

羊群效应：巧妙引导客户的从众心理

羊群是一个很散乱的组织，它们在平时会盲目地左冲右撞，可是一旦有头羊发现草场而行动起来，其他的羊也会不假思索地一哄而上，全然不考虑旁边是否有狼或不远处是否有更好的草场。简单地说，就是头羊往哪里走，后面的羊就跟着往哪里走。这就是人们口中所说的“羊群效应”。

在心理学领域里，“羊群效应”也被称为“羊群心态”，指的是一种从众心理。在现实生活中，凑热闹和随波逐流是多数人共有的特点。例如，在百货公司或超级市场，人们要是看到别人成群结队、争先恐后地抢购某种商品，也一定会毫不犹豫地加入抢购者的行列。这些顾客并非真的需要这些东西，这种产品也未必物美价廉，主要就是由于人们有从众心理，看到别人购买，就会盲目地认为这么多人的选择一定不会错，所以也对商品产生了信赖感。

在销售中，销售员也可以利用人们的这种从众心理来促成交易。比如，销售员可以对客户说，“大家都买了这个东西”“隔壁和对面的太太都各买了一打”。事实上，“大家”是否真的都买了，是不可验证的，也是不重要的，对客户来说，我们只要讲“大家”这两个字，就可以激起他们的购买欲望。

李明奇是一名推销办公耗材的销售员，他主要负责徐家汇CBD的销售工作。每当这里有新公司剪彩开业，李明奇都会捧着一个花篮前去拜访，在祝贺对方的同时也会顺带找机会推销自己的产品。

有一次，李明奇得知近期有一家互联网公司要开业，于是他经过多方打探找到那家互联网公司的创始人并约对方见面，在一家咖啡厅里，李明奇向那位客户详细介绍了公司以及产品的相关情况。客户听后显得有些犹豫，看起来似乎不大想从李明奇手中购买商品。李明奇明白客户心中的顾虑，于是解释说："张先生，我十分理解您的顾虑，毕竟咱们是第一次合作。不过，您之前不在这附近办公，有些情况可能不是特别了解，我跟您说整个徐家汇的CBD差不多有三分之一的公司都在使用我们公司的产品，对于这一点您可以去咨询一下，我知道您是互联网公司，因此需要的量比较大，要不您先购买一部分产品试试，如果觉得满意，再大量地购进也不迟。您觉得怎么样呢？"

张先生听了李明奇的话觉得既然有这么多公司在使用他的商品，估计质量应该是有所保障的，于是他决定先从李明奇手里购买一批产品试用一下。

"大家都买了，我也买"，客户很容易产生这样的心理。所以在销售的过程中，销售员不妨利用客户的这种从众心理来减轻客户对购买风险的担心，从而促成交易。尤其是对新客户，这种方法可以增强客户的信心。销售人员在利用客户的从众心理时，要注意以下四点，以保证取得良好的效果。

保证产品的质量是前提

好的产品质量是利用客户从众心理的前提。例如，多川博企业能够充分利用客户的从众心理使产品的销路打开的前提是生产的尿布质量好。只有这样，客户购买后才能真正认可这种产品，才能继续购买。因此，销售最终还是要以质量赢得客户的，而利用从众心理只是吸引客户的一个手段而已，如果客户购买产品后发现质量不过关，那么他是不会再次购买的。

向客户列举具有说服力的老客户

客户虽然有从众心理，但是如果销售人员列举的成功例子不具有足够的说服力，那么客户也是不会为之动容的。所以，销售员要尽可能选择那些客户熟悉的、比较具有权威性的、对客户影响较大的老客户作为列举对象。否则，客户的从众心理很难被激发出来。

例如，销售员可以这样说："国内许多知名品牌的电器设备公司都是从我们公司购买这些小配件的，比如 ×× 集团……另外，一些大型的家电超市和商场，也由我们长期供货。比如，市销售量最大的 ×× 超市，被称为质量最安全的 ×× 商场……"客户在听了销售员的这番话后，肯定会想："连某某集团这样具有知名度的企业都在他这里采购，那我也就放心了。"这样客户就很容易签下订单。

所举案例必须实事求是，不能欺骗客户

销售员要想引导客户的从众心理，所举的案例一定要是事实，既不要用谎言编造曾经购买的客户，也不要夸大那些老客户的购买数量。如果销售员列举的案例不真实，就很可能被揭穿，这会严重影响客户对销售员及公司的印象，使销售员和公司的声誉受损。销售人员必须实事求是地去引导和说服客户，否则就是自砸招牌。

利用从众心理也要因人而异

现代社会是一个崇尚个性化的社会，在销售过程中，销售员也会发现有些客户喜欢追求与众不同。对于这样的客户，就不要轻易使用此种方法，以免弄巧成拙。

利用客户的从众心理进行销售时要注意适度，不要让客户觉得我们是在忽悠他，产生被欺骗和愚弄的感觉。

知觉对比效应：有对比才更好卖

为什么无人问津的两种衣服，会突然变得畅销起来？

为什么推出更先进的饮水机，反而促使了前一批饮水机的热销？

为什么产品的质量提高得不多，客户还感觉物超所值呢？

为什么产品并没有理想中的好，客户还是要购买呢？

这些现象都与一个效应有关，那就是“知觉对比效应”。

韩国有一家专门经营电子玩具的商店。最近，商店新引进了两种不同型号、质量相差无几、价钱一样的电子游戏机。可是摆在柜台上的这两款游戏机却很少有人购买，这令商店老板一筹莫展。

这时正好新招了一位女店员，她为店老板出了一个好主意。她建议把型号小的游戏机的标价从 80 元提到 160 元，型号较大的保持价格不变。

结果，小型号游戏机不到半个月时间便销售一空。紧接着，老板又在大型号的游戏机柜台上摆了一块引人注目的牌子，上面写着“原价 80 元，现价 50 元”。进店买东西的人觉得买降价商品划得来，一些本来不太想买的顾客也经不住诱惑，纷纷踊跃选购。仅一周时间，所有游戏机就被销售一空了。

心理学家为了验证“知觉对比效应”对人们的影响，做了下面这个实验。

调查机构安排调查人员进入两家超市，一家是家乐福超市，另一家是沃尔玛超市。实验分两组进行，第一组先介绍了沃尔玛超市中一个部门的情况，再介绍家乐福超市的三个部门；第二组则先介绍沃尔玛超市六个部门的情况，之后再介绍家乐福超市的三个部门。

结果证实，当先介绍沃尔玛超市的六个部门，再介绍家乐福超市的三个部门时，人们会认为对家乐福超市的了解不够；但当先介绍沃尔玛超市的一个部门，再介绍家乐福超市的三个部门时，人们对家乐福超市的认知又有了变化，觉得自己基本了解了家乐福超市。似乎放在前面介绍的沃尔玛超市部门少，就能让人们以为对家乐福超市足够了解。这就是“认知对比效应”产生的影响。

后来，研究人员又扩大了实验范围。在实验程序不变的情况下，研究人员用不同领域的事物进行了对比，即用迷你宝马与家乐福超市进行对比。结果与之前的实验一样。这次的实验表明，即使前一种认知对象与后一种完全没有共同点，但前面的认知对后面的认知仍然存在影响。

“认知对比”对人们具有很大的影响，将它用在销售中是有很大威力的。假设你认为公司的某个产品特别适合一位客户，那你就可以通过重点介绍该产品，同时对其他产品一带而过的方式来增加客户购买的欲望。

又比如，有时在不改变产品的情况下，仅仅通过变换产品的对照物就能带动销售。国外某家居公司只不过用了两句大实话，就让其后院浴池的销售量翻了五倍。

第一句：很多购买过该产品的人都认为，买个浴池放在院子里就好像多了个房间。

第二句：您认为在院子里多造个房间要花多少钱？毕竟，7000 英镑的浴池比建个房间的费用要少一半呢！

还有的商家只是巧妙地在两件商品间形成对比，就促进了两者的销量。其实，任何牵涉到认知的地方都有心理对比。其道理都是一样的：两种认知相继出现时，前一种总会对后一种产生影响。

伯内特定律：吸引眼球的产品才更好卖

美国广告专家利奥·伯内特曾说："要想占领市场销售，就要先占领头脑，占领了人们的头脑，获得了人们足够的注意力，你才能掌握市场的指挥棒。"这就是销售界著名的伯内特定律，如果你无法获得客户的注意力，就无法打动客户的心，自然就不能赚到他的钱。

这也说明了为什么新开的商场，总会写着告示"开业三天内，购物全场 × 折"；成立才一年的店，为什么半年内举办了两次店庆活动；为什么销售人员喜欢扯着嗓子大叫"走一走，看一看，全场两块。两块钱你买不了吃亏，买不了上当，件件两块钱，全场都两块……"。

这些行为的目的是吸引客户的注意力，引导客户来消费。

有一次，日本表演艺术家北田拉带着他的马戏团来到一个陌生的城市。做巡回演出。然而，由于当地人都没听过他的名字，因此观众寥寥无几。

北田拉在街上行走的时候，碰到了一个年轻的乞丐。北田拉对乞丐说："我不会施舍你一分钱，但我可以让你得到更多的钱，我要雇佣你。"乞丐答应了。

他把乞丐带回马戏团，交给他两块砖头，要他出去的时候，先把其中一块砖头放在街道上，然后拿着另一块去小镇的几条街道绕圈，等绕回放砖头的地方的时候，把手里的砖头和街上的砖头交换，然后再回到马戏团，再在马戏团绕一圈。

接着从后门离开，继续相同的动作。但是，在整个过程中，他不可以和任何一个人说话。

乞丐第一次这样做的时候，人们开始注视乞丐的怪异举止。第二次，有少数人开始谈论他的行为。然后，有人开始跟着他，想看个究竟，许多人簇拥在他身旁，争论他到底在做什么。而他每次进入马戏团，就有一些人买票进场，继续盯着他看。仅第一天，乞丐就为马戏团吸引了上千的观众。

几天之后，围观的人多得已经造成了交通阻塞，乞丐放砖头的行动被迫停止了。然而，马戏团却因此而得到了许多人的注意，火了起来；而北田拉也赢得了不少忠实客户。

只有先占领消费者的头脑，你的产品才会激起消费者的购买欲望。广告可以帮你做到这一点。广告是一个引起消费者注意自己产品的过程。一个好的广告能很好地抓住消费者的心理特点和规律，通过自己的创意与这些特点和规律产生一种共鸣。这样的广告可以打动消费者，从而激起购买欲望。

要占领消费者的头脑，除了广告之外，提供差异化的产品也是一个重要途径。前者是宣传已有产品，后者是创造没有的产品。二者要成功，都要首先占领消费者的头脑。有差异才能有市场，因此，从某种意义上说，销售员创造了差异，也就占领了市场。

登门槛效应：先聊一些琐事，然后聊交易

在日常生活中有这样一种现象：在你请求别人时，如果一开始就提出较高的要求，很容易遭到拒绝；而如果你先提出较低的要求，别人同意后再增加要求的分量，则更容易达到目标。心理实验证明了“登门槛效应”的存在，先得寸再进尺，往往能实现目标。

美国心理学家弗里德曼和他的助手曾做过这样一个经典实验，让两位大学生访问郊区的一些家庭主妇。他们各自选择了一些拜访目标。第一位大学生首先请求家庭主妇将一个小标签贴在窗户上或在一个关于美化加州或安全驾驶的请愿书上签名，这是一个小的无害的要求。两周后，这位大学生再次访问家庭主妇，要求她们在今后的两周时间里在院内竖立一个呼吁安全驾驶的大招牌，该招牌很不美观，这是一个大要求。结果答应了第一项请求的人中有55%的人接受了这项要求。而第二名大学生并没有向家庭主妇提任何贴标签或者签名的小要求，而是直接过去说树立安全牌的事，结果只有17%的家庭主妇接受了该项要求。这种现象在心理学上被称为“登门槛效应”。

一下子向别人提出一个较大的要求，人们一般很难接受，而如果逐步提出要求，不断缩小差距，人们就比较容易接受。人们都有保持自己形象一致的愿望，

都希望给别人留下前后一致的好印象，不希望别人把自己看作反复无常的人，因而，在接受了别人的第一个小要求之后，再面对第二个要求时，就比较难以拒绝了。如果这种要求给自己造成损失并不大的话，人们往往会有“反正都已经帮了，再帮一次又何妨”的心理。于是，“登门槛效应”就发生作用了。

当顾客选购衣服时，精明的售货员为打消顾客的顾虑，会让顾客试一试，然后称赞该衣服很合适，并周到地为顾客服务，在这种情况下，很多顾客难以拒绝购买。

在销售活动中，我们也经常能看到这样的现象：一个顾客本来不愿意购买商品，但是销售员先给他介绍一些和这个商品相关的小挂件逐渐引导他对这个产品产生浓厚的兴趣，一步一步攻破他的心理防线，最终实现成交。

很多销售人员上门推销商品时，往往不会直接向顾客提出销售意愿，而是先提出“试用”这个小要求，等顾客试用后觉得不错时，他们才会提出销售产品的要求。就像追女孩子一样，有经验的男生，都明白什么事都不可能“一步到位”，先是约出来看电影、吃饭等，慢慢再提出进一步发展的要求，逐步达到目的。如果见面第一次就说：“咱们结婚吧！”几乎所有的女孩子会选择拒绝……

销售人员刘莉去拜访一位之前拒绝了他的客户张经理。

张经理：“不好意思，我之前已经跟你说过，我们现在确实没有可以合作的大单子。再说，把大单子交给你们，我也不放心。”

刘莉：“张总，我完全可以理解这一点。一个没有过合作的对象你不知道对方的接单能力、质量或付款速度，当然会有顾忌。正是因为张总您有这个顾虑，我才要跟您联系。当然我也不强人所难，您看是不是可以先发一些量特别小，又不着急用的单子，如果我们到时做得不好，也不会影响您的进度，当然如果出了问题的话，我们也不会收取您任何费用的。”

刘莉故意留出时间让客户稍作思考，然后接着说：“目前和我们公司合作的客户，也有像贵公司一样的大客户，甚至比贵公司规模大一些的客户也是有的。”

张经理：“好吧。我先发给你一个小单子，不过得三天内交货，质量不行或速度不行，我们是不会付钱的。”

三天后，交货完成。

刘莉：“您看我们的速度和质量都还不错吧。我们公司的价格和其他同行的报价相比是高了一些，但是质量您也看到了。张经理，您看这样行不行，我们公司与您合作的第一次大单子，我会向公司申请给您打个95折。”

张经理：“好吧！”

不仅是对别人，“登门槛效应”对销售员自己也会发生作用。我们常说，“一口吃不成胖子”“心急吃不了热豆腐”。什么事都不能太着急，说的就是这个道理。你想一下子就成为销售精英、销售总监，这几乎是不可能的事。真正的销售高手都是一步步爬上来的，都是跨过一个个门槛才站在今天这个位置上的！

正所谓，得寸才能进尺，一步登天和一夜暴富相比没什么差别，这是销售人员最大的忌讳，我们千万不能犯这样的错误！

布朗定律：打开客户的心锁，聊天就会简单

布朗定律是指一旦找到了打开某人心锁的钥匙，往往可以反复用这把钥匙去打开他的某些心锁。它是由美国职业培训专家史蒂文·布朗提出的。史蒂文·布朗认为，找到心锁就是良好沟通的开端前提，知道别人最在意什么，别人的意愿就会在你的掌控之中。

落实到销售中更加具体的解释就是，只要销售人员给目标对象解决了一次他

所在意的问题，那么他找你解决其他问题的可能性就非常大，只要凡事都站在他的立场去考虑问题，用情感去关怀他、包容他、打动他，那么销售就可以用一些让他感到新奇的产品与服务来变现。

20 世纪 80 年代，在纽约人声鼎沸的华尔街，总能看到一个身着灰色西装、头戴小礼帽的年轻人。与绝大多数行色匆匆的人不同，他经常是慢悠悠地如闲庭信步一般出现在人们的视野里。认识他的人都叫他阿泰，他既不是银行经理人也不是证券投资者，只有和他熟络的人才知道他真正的职业是一名销售员。

阿泰是附近街区一家百货商店老板的儿子，从小他就跟随父亲到华尔街参观。对于这条街，阿泰十分熟悉。在他成年后，他的父亲已经很少再来华尔街购买证券了。但阿泰还是一如既往地来这里的银行坐坐，听一听纽交所的钟声。阿泰每天来华尔街也并非无所事事，他也有自己的生意要做，只不过属于他的生意对象需要靠碰，碰到了合适的人，阿泰自然能够一次性推销出很多商品。

几乎所有从阿泰手里购买过商品的人都对这个年轻人称赞有加，认为他是个热心、乐于助人的好小伙。阿泰的销售手段如果放到现如今来看并不一定高明，但却让很多客户感到受用。在华尔街，阿泰之所以走得很慢其实是为了更仔细地观察其他人的一言一行。有时遇到炒股赔了钱一脸懊恼的人时，阿泰会主动上前搭话，安慰对方。

一般来说，人在遭遇挫败时，心理防线是最脆弱的，阿泰正是利用这一点迅速与对方建立起一种朋友的关系，并积极为对方出谋划策，陪着对方共渡难关。那些人无论是否能够在未来的股票市场中翻盘，都会对这个体贴的小伙子心存感激。就这样，阿泰在华尔街结交了不少中产阶层的朋友。与这些人交流，不但增长了阿泰的见识，同时朋友们的捧场还为他打开了百货商店的新销路。

阿泰在销售中整体的思路就是布朗定律的体现：帮助用户解决问题，架设起情感的桥梁，然后再寻求变现的方法。阿泰在交流沟通中找到了打开对方心锁的钥匙，从而让之后的一切变得十分简单。

钥匙有无数把，但能开锁的只有一把，打开一把锁，就能发现后续的锁也能一并打开，布朗定律的核心在于如何判断出用户的真正需求以及实际问题。对销售员而言，找准切入点非常重要，只要能运用好布朗定律，就可以让销售达到事半功倍的效果。

退让策略：高明的销售员总是让客户觉得他赢了

在销售谈判的过程中，在准确理解客户利益前提下，销售人员努力寻求双方互利的解决方案是一种正常达成协议的方式，但在解决一些棘手的利益冲突问题时，如双方就某一个利益问题争执不下时，那么适当的退让和妥协不失为一种好的办法。对于那些聪明的销售员来说，他们会恰当运用退让策略而让客户觉得自己赢了，从而达到销售的目的。

很多时候，在与客户进行沟通的过程中，一些销售人员以为自己在每次沟通中都扮演着“进攻者”的角色：为了达成销售目标一步一步地向前迈进，这样会让客户产生一种压迫感。但如果销售沟通中的妥协让步策略运用得当，那将有利于实现买卖双方的双赢。

比如，我们可以采取这样的方式：“您提出的产品价格我已经和公司商量过了，最终的建议是，如果您的购货量达到 10 万箱以上的话，我们可以按您说的价格成交。”“这批货您急用是吗？那您看这样好不好，产品不像以前那样采用精包装，这样可以节省装货时间。至于产品的质量您绝对不用担心……”

这样的妥协让步，既能提高销售量或节约成本，又能让客户觉得自己的要求得到了满足，让客户感觉自己是胜利者，也不失为一举两得的好方式。但是，妥协让步时，你也要掌握好一定的技巧，否则就很有可能适得其反了。

首先，时机的选择宜巧不宜早，否则，你的让步会进一步抬高客户的期望，让他们以为只要再坚持一下，你就会继续让步，从而使自己处于很被动的地位。

客户："我觉得产品的价格太高，如果你能将价格调低一些，我会认真考虑的……"

销售人员："这样吧，每件产品我再降10元，这是最低价，不能再降了……"

客户："还是高，再降一点。再降一点，我就买了。"

销售人员："那好吧！那就再降5元，再多就真的不能了……"

客户："行，你们通常在付款方式上有什么要求？"

销售人员："先预付一半，另一半货到即付……"

客户："这个恐怕不行，我现在没有那么多现金，如果你能接受货到之后一起支付的话，这笔生意就是你的了。"

销售人员："对不起，公司一直没有这样的先例，而且我也没有这样的权力……"

客户："那就没办法了……你回去问问上司，再来找我谈吧！"

看，这就是最初时让步太痛快的后果。切记，让步一定要在最后关头，不到万般无奈的情况就不要轻易让步，否则客户可能会得寸进尺。另外，要尽可能表现出为难的语气，这会让客户觉得自己确实是占到了大便宜。

其次，销售人员最好能在妥协让步之前考虑由此得到的回报，同时要考虑可能得到的这种回报是否值得。例如：

客户："价格可以再降一些吗？"

销售人员："您准备要多少？"

客户："我想先要一百件……"

销售人员："如果您只要一百件的话，恐怕有些困难……"

客户："可目前这个价格我是不可能接受的啊……"

销售人员："一百件确实不多，不便于送货，如果价格太低的话我们就很难做了，要不，您看这样行不行，如果您可以自己取货，那我们可以在原来的价格基础上再给您一些优惠。"

最后，如果实在无法再让步，也要留有一定的沟通空间。

当你和客户针对某一问题相持不下时，就不要再浪费时间了，这样很容易导致前功尽弃。但这时也要注意为之后的有效沟通留有一定的空间，不要使局面绷得太紧。例如：

客户："再降一点，我立刻付款提货。"

销售人员："这的确是最低价了，再降一点我都要赔本，如果可以的话，我就给您了，就不会耽误您这么长时间了。"

客户："是啊，都谈这么久了，你就再让一点，就因为这点钱做不成，那岂不是太可惜了吗？"

销售人员："的确有些可惜，但确实是最低价了。"

客户："那我还是到别家看看吧……"

销售人员："您可以上别家打听打听价格，不过我可以保证这绝对是最低价，如果您看完以后还是觉得我这里合适，那就再过来，我还以这个价卖给您……"

如果一发现没有让步余地就放弃沟通，那就相当于自断财路。销售人员要学会在第一次沟通失败的前提下为以后的沟通创造足够的空间，假如客户再来进行第二次沟通的话，那基本就意味着他已经打算购买你的东西了。

在整个销售环节中，作为销售人员，在客户面前的退让是应该的，只有让客户满意了、高兴了，销售才能最终成功。但是你一定要记住，退让不是轻率行动，必须慎重处理。成功的退让策略可以起到以牺牲局部小利益来换取整体利益，甚至在有些时候可以达到"四两拨千斤"的效果。

第11章

微信、QQ 聊天搞定客户的 N 个技巧

互联网时代，销售沟通交流离不开微信、QQ 等聊天工具。有些销售人员在使用这些聊天工具时会感到很困惑："好不容易有顾客来咨询了，可聊了一会儿就没下文了。""觉得自己聊得还不错，但最后就是不能成交。"这其实就是因为你缺乏网络聊天技巧。

俗话说得好："工欲善其事，必先利其器。"想要做一名优秀的销售人员，不妨先了解一些线上聊天的技巧和礼仪吧！

浏览朋友圈，先了解基本信息

当今社会，人与人相互了解的方式已然变得非常简单，只需要浏览一下对方的朋友圈就可以大概了解这个人了。通过浏览朋友圈，我们能把一个陌生的人变成一个熟悉的人，进而熟悉对方并了解对方。现在的人非常喜欢在朋友圈晒日常，尤其是年轻人，更喜欢通过朋友圈来分享自己的心情、状态。对于销售来说，这是一个很好的了解客户的方式。通过朋友圈，销售人员可以大致判断出这个人是怎样的性格，知道对方的爱好、品性、年龄、职业，甚至是所在地和收入水平。销售人员可以通过这些信息给用户做标签，然后选择跟他相关的事物切入话题，从而营造良好的聊天氛围，让客户对你保持较好的第一印象。只有这样，才能更好地和用户建立信任感。

张明曦是一个婴幼儿用品推销员，一次偶然的机会，她被朋友拉进了一个“微信妈妈群”，这个群里绝大多数的用户都是刚生产不久的年轻辣妈或是即将生产的准妈妈。

因为不属于这个群体，张明曦一开始非常低调，生怕被人发现自己的身份而被群主或是管理员踢出去。在“妈妈群”潜水的近一个月时间里，张明曦通过观察，发现很多年轻母亲都有对婴幼儿产品的需求。张明曦利用空闲时间整理了一份翔实的资料，随后集中加了这些潜在客户。

由于同在一个群，张明曦添加好友的过程非常顺利，在所发送的34个好友申请中，不到一个小时就成功通过了29个。在添加好友后，张明曦第一时间对每位母亲的朋友圈进行了浏览，结果令她十分惊喜。她发现那些在群里询问婴幼儿用品信息的人当中，有一些人对产品有着极大的需求。随后，张明曦运用提前准备好的开场白对每个潜在客户进行了一次非常坦诚的自我介绍。在介绍中，张明曦坦言自己是一名婴幼儿用品的销售员，并保证自己产品的质量经得起任何形式的检验。

随后，张明曦针对不同客户的需求进行了初次产品推销，可能是被她真诚的话语打动，不少妈妈都愿意从她那里购买一些商品，并表示如果质量没问题，那么今后会长期从她那里订货。就这样，依靠社交软件，张明曦每个月的销售额又增加了不少。

在这个信息开放的社会，销售在寻找客户时，不会再像从前那样茫然，有些时候，或许从对方的朋友圈入手，投其所好就可以完成一笔订单。对任何使用社交软件的网民来说，朋友圈都是属于个人的私人空间，他们可以毫无顾忌地表达出内心真正的想法。因此，如果你想要快速了解一个陌生客户，最快的方法就是直接查看对方的朋友圈，因为那里可能隐藏着你需要的客户信息。

网络销售，尽量少用语音

网络聊天，传递信息的方式通常分为文字和语音（视频语音）两种，其中文字信息适用于任何场合，而相比之下语音信息就不行了，比如图书馆、会议室，或是人声鼎沸的地方，接收到语音的一方要么没法听，要么听不清楚，这会给接收信息的一方造成很大的不便。而且，以文字作为传递信息的载体也能有效避免语音中因出现同音字而导致的歧义。除此之外，越来越多的网络社交用户对接收语音信息感到反感，主要包括以下五个原因。

语音过于啰唆

对方发出 60 秒的语音看似很长，但其中所包含的有用信息寥寥无几，但接收方想要知道对方说什么，就必须全部听完。而且，为了那几秒钟有用的信息，有可能还要再确认几次，对于接收方来说，这实在是一件很麻烦的事情。

信息太过庞杂

同样是 60 秒的语音，有些人可能在其中穿插了自己想要表达的多个要点。如果接收语音的一方听了一遍发现有几个要点没记住，那么就得再听一遍甚至多遍，而文字的话，接收方直接翻看聊天记录就可以看到，这样更方便。

话语表达不清

要知道，并不是所有人的普通话水平都过关，尤其是当发送方和接收方来自不同地域，对于对方的口音和方言都不是很了解的情况下。遇到这种情况，接收方可能听了多遍也无法真正明白对方的意图和目的是什么。

浪费时间

一段话，若使用一段文字发送，接收者只需要几秒的时间就能够阅读且了解含义。但若是接收语音信息，接收者则需要花更多的时间弄明白对方究竟在说什么。

使用网络社交软件联络客户其实并不是一件小事，作为销售，我们需要更加认真地对待。

播放语音时手机界面被限制

无论是微信还是 QQ，在播放语音的时候都只能在接收界面，无法切到后台收听，当点开语音的时候，手机在这段时间相当于被限制了操作，一旦收听被打断还要重新去听。

总之，作为销售，我们要时刻为客户着想，不能只会图自己省事，用语音的形式代替打字。而且在与客户交流时，尽量用文字来传递自己想要表达的事情，这对客户是一种体贴，更是一种尊重。

恰当地使用表情符号

十几年前，在 QQ 刚开始风靡国内的时候，表情符号，几乎只为满足青少年的娱乐需要，仅在年轻人群体中使用和流传。而十几年后的今天，凡是使用智能手机进行社交的人，无论什么年龄段的用户都会使用表情符号，这些表情符号用于他们与朋友或亲人之间的沟通。

有数据表明，全世界范围内，有超过 92% 的在线网民在使用表情符号，这并不奇怪，因为适当使用表情符号，有助于简化一些文字描述，有助于直接传达表述者的情感和态度倾向。

举个例子，如果你和客户聊天时突然有急事不得不立马出门，那么在和对方结束聊天时，是发一句“我还有事先走了”，还是发一个“长草颜团子”挑起包裹挥挥手的图片更加委婉而不生硬呢？又或者，你对客户不清不楚的问题感到困惑时，你是直接发一句“我非常疑惑”，还是发一个挠着脑袋的表情符号更加生动传神呢？上述例子正是表明了表情符号的一大特色——简单但富有张力。

很多时候，表情符号可以帮助销售人员表达一些文字难以驾驭的情绪，更加利于客户理解我们想要传达的意思。不可否认，作为一种崭新的网络语言，表情符号具备独特的优势，学会正确地使用表情符号能让线上聊天变得更加有趣、更加高效。可凡事都具备两面性，表情符号也不是随时随地都可以拿过来就用的，若使用不当，也很可能会造成对方的误解，让对方不快。

在使用表情符号时，各位销售员要注意以下四点。

面对客户，不要使用轻浮的表情

当我们与客户进行线上沟通时，可以在准备发送的文字内容中穿插几个合适的表情，但需要注意的是，对于客户，无论多熟悉，都不要使用代表调戏态度的轻浮的表情符号。这样会让对方觉得你是在骚扰他，从而疏远你。

与陌生的客户聊天请多用基本的表情符号

和客户第一次聊天时，你应该适当使用“偷笑”“开心”“鼓掌”“点赞”等基本的表情符号。这些表情不仅可以活跃聊天气氛，也能让你显得更有礼貌。

与年长的客户初次交流时不要使用表情符号

使用表情并不是越多越好。有些时候，表情符号会让语言显得不太正式。如果与年长的客户聊产品，应该尽量使用简洁准确的语言，除非对方也喜欢通过表情符号进行交流。

聊天时文字语言为主，表情符号为辅

网络聊天，表情符号只是一个辅助工具，我们不能舍本逐末，在使用表情符号的道路上乐不思蜀，从而忽略了原本想向客户传递的语言信息。

不要动不动就发“在吗”

销售员不仅要具备社交礼仪，同时还要注意微信、QQ 聊天的基本礼仪。在与客户进行交流的时候，不要动不动就发一句“在吗”。因为“在吗”是微信时代最令人讨厌的打招呼的方式之一。本身无任何交流信息，只对提问者有好处，而被问者必须先回复，才能获得后续信息。这个词也在 2017 年被列为“十大最惹人反感的流行语”之一。

想要通过社交软件进行推销，与其吞吞吐吐，不如开门见山地表明主题，这样显得富有人情味儿又带着亲近感，收到消息的客户看到产品介绍，如果感兴趣的话也会及时回复你，然后你再详细介绍产品即可。就算只是简单的寒暄，一句“天气转凉，记得加衣”也比“在吗”二字好太多了。

一个会聊天的销售，不一定是幽默风趣口吐莲花、上知天文下知地理的全才，但一定深谙说话之道，不会冷冰冰地抛出一句“在吗”，然后等着对方主动回复。

有些时候，销售或许只是想挖掘一些潜在客户，一句“在吗”也只是单纯地问问对方在不在，并没有想那么多。但是，从沟通这件事来说，这样的交流非常浪费时间。与其发一句“在吗”，不如发一句“我这里又上了很多新货，你感兴趣吗？”这样对方立刻就能了解你的意图了。如果你对一个客户上来就问“在吗”，对方没有及时进行回复，而你又不接着说事情，那么对方多半会觉得你的那句“在吗”并没那么重要，压根不想回你。

在网络销售沟通中，能够一针见血说明的问题，尽量不要拖泥带水。现如今这个信息社会，每个人每天通过各种媒介所接受到的信息多到无法衡量，对于那些没有“营养”甚至惹人反感的信息，多数人会在脑中自动将其屏蔽。

试想一下，如果一个我们不太熟的人某天突然通过社交软件给你来一句“在吗”，然后就不说话了，我们会如何回应？恐怕多数销售员的第一反应也会认为这个人并不是想要通过自己了解产品信息，那么他找自己又有什么事呢？看，事实就是如此。正所谓：“己所不欲勿施于人。”想成为一个有情商、会聊天的销售，我们就要花心思做好每一个细节，尤其是在社交礼仪上，更不能犯错，不然还没说正事，就已经遭人反感，那么接下来还怎样进行销售呢？

当然，如果我们觉得开门见山的销售有些过于生硬，我们也可以换一种方式，例如可以用广受好评的“淘宝体”进行交流，在每句想表达的话前面加上一个“亲”，这样可以让对方觉得你很亲切、可爱。同样，对于那些并不需要用严肃语气来表达的内容，我们也可以在聊天的结尾加上“啦”“呀”“嘿嘿”等词，以营造亲切、愉悦的氛围。

网络社交新礼仪：“嗯”与“嗯嗯”，差别很大

俗话说得好：“见字如面。”其实网络聊天也是一样的道理。2019 年，一条有关“微信回复被批”的新闻资讯被迅速推上了热搜。某公司一个新入职的小姑娘因为在微信上回复了上司一个“嗯”，结果被老板教育：“和领导、客户都不要回复‘嗯’，这是使用微信的基本礼仪。”那名被批的小姑娘表示很委屈，准备辞职。

这件事被媒体宣扬之后，网上舆论普遍偏向老板，绝大多数网友都认为小姑娘的行为有些不当。

时下，移动网络十分发达，一些销售平时与客户交流沟通也都是使用即时聊天软件，这样最为方便及时。打字聊天都是隔空的，有时候即使对方是老客户，但由于看不到对方的表情也听不到对方的语气，我们也只能通过对方的只言片语加以想象。因此，在这种前提下网络礼仪就显得尤为重要了，设身处地地试想一下，当你给客户发了一堆翔实的产品介绍后，对方只回复一个“嗯”或者“好”，恐怕此时你心里也会生出来一些想法。

之所以会出现这样的情况，是因为在网上聊天时语言的温度会被稀释，很多单字例如“哦”“噢”“嗯”等并不能传递出一个人的情绪。不过很多时候，只要对方的回复哪怕多打一个字，就会产生完全不同的效果。比如，把“好”换成“好的”、把“嗯”换成“嗯嗯”，收到这样的回复，一般来说，对方还是愿意与我们进行交流的。

除此之外，对于一些基本的微信社交礼仪，销售人员也应注意：如果是我们加的对方好友，那我们就要先说第一句话；客户不回复，不要一直催；不要一次连续发很多条消息，也不要长篇大论，每段信息最好不要超过三行；所有人的头像都是有含义的，不要轻易评价。

一个具有经验的销售在与客户聊天时是十分讲究分寸感的。而所谓分寸，就是恰到好处，才是最佳状态。由于电子通信的特质所限，人际交往中的种种细微之处可能在网络上遗失。本来在线下见面和客户随口说的一句话，就算被对方误解也能及时澄清，可是一旦到了网上，那句话就会永远存在下去。想要成为一名优秀的销售员，只有了解并恪守这些规则，才能更好地达到沟通的目的。

第12章

售后服务，如何把老客聊成熟客

如今各个行业的竞争越来越激烈，发展客户也越来越难。很多销售人员都将视线盯着新客户，却忘了老客户这块诱人的大蛋糕。西方一项研究报告表明："争取一个新客户所花费的成本往往是留住一个老客户的5倍，而一个老客户所贡献的利润则是新客户的16倍。"

对于销售人员来说，老客户的作用不可忽视。本章将重点介绍如何提高老客户的转化以及复购的问题，只有将老客户聊成熟客，我们的业绩才有保障。

聊服务的同时更要做好服务

在有些销售人员看来，当他们把产品卖给客户以后，就可以万事大吉、不管不顾了。殊不知，这种做法犯了销售行业的大忌，更是犯了众怒。之前，在网络上，一位女士坐在汽车前盖上哭诉维权的视频大火，她花了 66 万元购买了一辆某品牌的汽车，可交款后仅开出一公里汽车发动机就出现了重大故障。当这位女客户联系 4S 店要求退换汽车时，得到的却是对方闪展腾挪的搪塞。

对于这样的事儿，如果放在多年以前，或许只能让客户“自认倒霉”。可是，在如今这样一个市场规则日渐完善的环境中，经销商能干出这样的事儿，只能说未免“很傻很天真”。将残次品卖给客户，这显然违反了商业交易的基本原则。公平交易，是亘古不变的真理和法则，所有人对此心知肚明。然而，经销商却想靠这种“强买强卖”的方式将那辆存在问题的车脱手，获得最大利益，这种行为无异于饮鸩止渴，这起维权事件的最终处理结果也表明了法律永远站在正义的这一边。

聪明的经销商，往往会非常珍惜自己的羽翼，他们不会短视到做出“搬起石头砸自己的脚”的举动,更不会在法律的边缘冒死试探。对于每一件出售的商品，他们往往比客户更注重质量，在销售聊天中，不仅要让客户对产品感到放心，同时对于后续的服务也要确保让客户感到舒心。

一个好的销售员，不但体现在专业的销售上，更体现在销售员对用户的后续服务上。赵斌是一位油烟机的销售员，他们公司推出的服务理念是“永久免费送油网”。

面对每一位客户，赵斌都从实际情况出发，告知对方商品的好处及优势，并保证自己会将服务进行到底，确保每一位客户都能得到最优质的服务。

对于从自己手中购买油烟机的客户，赵斌都会在电脑上做出详细的记录，有时在路过老客户家的时候，赵斌便会花几分钟时间登门拜访，询问油烟机的使用情况，并观察油网是否需要更换。

赵斌良好的后续服务让老客户对他非常信赖，有些老客户还将赵斌介绍给了想要购买油烟机的亲朋好友，正是赵斌这种贴心、坚持的后续服务，使其赢得了广大客户的信赖。

对于销售员而言，如果能够为客户提供一个良好的售后服务和保障，之后的客源绝对是源源不断的。因为多数客户在购买某件商品之前，尤其是贵重的商品时都会在心中做出衡量，在所有顾虑当中，售后服务是客户相对比较关注的一个问题。多数客户都害怕自己所购买的商品出现问题时得不到应有的保障。

在现实生活中，有些销售人员对客户的满意度不以为然，他们更在乎的是如何将商品推销出去。不得不说，这种想法是非常片面也是非常短视的，甚至可以说是对客户和自身工作的极不负责。因为在完成一单销售后，客户产生的担心如果不能尽早得以遏制和有效消除，那就会影响我们与客户的后续沟通，进而影响到更大潜在客户群的开发。这时候，就需要销售人员来帮助客户打消这些顾虑，这样我们才能收获到忠诚的客户。

那么，我们如何才能打消客户的这些顾虑呢？首先，我们要明确客户的顾虑来自哪些方面。根据对客户心理的分析，在销售完成后，客户的主要消极情绪及其产生的原因有如下三个方面。

某些期待没被满足

有些客户可能会在购买到产品之后才想到自己的某些需求没有得到充分满

足，或者自己期待的某些事情没有实现，这就使得他们很容易感到心有不甘，这从他们的言行中就可以看出端倪。例如："我本来想得到那份礼物的，没想到已经送完了……""原以为同时购买三件产品可以得到一点优惠，没想到……"，等等。

无论客户的某些期待未被满足的具体原因是什么，最终客户都会把问题的根源归结于销售人员或者产品本身。因此，如果销售人员不及时解决这一问题的话，那么很可能会影响到客户的下一次购买行为，或者会失去由他们介绍的客户群。

某些担心造成的忧虑情绪

在客户支付货款之后，他们可能会担心购买的产品不如销售人员介绍的那么好，或者担心出现某些问题，这就会使他们在购买之后产生忧虑情绪。产生忧虑情绪的客户可能会在拿到产品时仍然频频询问销售人员相关问题，或者要求销售人员做出某些保证等。

客户的这些忧虑完全是可以理解的，销售人员必须耐心地加以解决，否则同样会对未来的客户沟通造成不利影响。

感觉受到欺骗的懊恼情绪

虽然正规企业都严格禁止销售人员欺骗客户，而着眼于长远发展的销售人员也会尽可能地对客户保持真诚，但是由于某些主客观因素的存在，客户仍然会产生被欺骗的懊恼情绪。这种情绪产生的后果是极其严重的，因为它直接关系到销售人员的个人信誉和企业的声誉，而这将对销售人员个人的职业生涯和企业的生存与持续发展产生至关重要的影响。

对于情绪比较懊恼的客户，其表现通常要比普通客户更加激烈，比如赶走销售人员、愤怒离开交易现场、指责销售人员、向其他人进行倾诉等，有些客户可能还会马上要求退回货款。对于这些客户，销售人员无论怎么做，损失都在所难免。不过，如果销售人员处理得当的话，可以使损失减少到最小。

所以，真正有效的办法就是在销售过程中以最真诚的态度和客户进行充分沟通，尽可能地避免客户内心产生被欺骗的感觉。

查找到了客户焦虑的原因，销售人员最好能在成交之前给予有效预防。当然，交易完成之后，销售人员也要针对客户需求展开必要的沟通活动，以便更积极地控制不利影响的产生。

比如，我们可以采取事后控制的手段。在交易完成之后，销售人员与客户还应该保持良好的沟通。如果一收到订金后马上对客户置之不理，很容易使客户产生新的消极情绪。为了有效控制客户产生消极情绪，同时也为了与客户保持良好的后续联系，销售人员可以在销售完成以后主动询问客户的某些需求，或者对客户进行必要的解释、保证或安慰等。例如："您仔细想想还有什么问题吗？""售后服务一定包您满意……"等。

总而言之，千万不要在成交以后就抛弃客户不管不问，能够在成交之前满足客户，就不要推到成交之后；能在一分钟之内消除客户不满，就不要延迟到两分钟。拖延时间越长，造成的后果就越严重。客户既然购买了你的产品，那么你的售后服务就要做到位，只有这样，客户才会对你放心，你才会有再次销售的机会。

销售前聊奉承不如销售后聊服务

很多销售员认为只要将商品卖给顾客，这次销售工作就可以告一段落。这种想法其实是不对的，因为从某种意义上来说，销售的过程其实是永远无法结束的。客户购买了我们的产品，只能算是一次交易的"善始"，想要成为一名优秀的销售员，在我们做好"善始"的同时也要做到交易的"善终"。何为"善终"？很简单，就是我们能够做到让客户交口称赞的售后服务。

有些销售人员认为，售后服务无非就是打打电话、上门维修，其实这些只是售后服务中很小很被动的一部分。真正的售后服务是在客户购买了商品或服务之后，我们对他的延续服务。也就是说，我们在客户的使用过程中，继续为客户提供的咨询服务，成为客户的顾问，解决客户在使用产品中的问题。

为什么要如此强调为客户提供良好售后服务的重要性，这是因为做好售后服务可以为销售人员带来非常积极的影响。优质的售后服务不仅可以加深客户对我们的良好印象，提升产品的影响力，减少客户的不满，保持更稳定的客户资源，更能借助老客户的口碑让我们有效开发新客户，这一切都是建立在良好的售后服务的基础之上的。

因此，销售人员要养成一种好习惯，在销售产品后主动询问你的客户，他们是否感到满意。如果客户有不满之处，最好立即着手解决。优秀销售员经常采用的服务方式有如下三种。

定期进行电话联系

销售人员可以在交易完成后定期与客户进行电话联系，这种方法既省时又省力，也可以随时让客户感受到你的关心和体贴。在电话中，销售人员可以主动询问客户对产品的意见以及使用产品的情况，同时还可以了解客户是否又有新的需求。

当然，如果客户在电话中提出了一些相关的问题，那么销售人员就要立即着手解决，或者寻求企业其他部门的配合，帮助客户解决问题。例如："您有哪些问题需要解决吗？如果有问题，我会马上联系客户服务人员帮您解决的……"

有时，销售人员也可以通过电话核实一些情况，以确保客户满意。例如："您好，请问今天早上那批货按时送到您那里了吗？"这样的联络会让客户记住你。

勤于向客户表示关切

很多善于与客户进行沟通的销售高手们都很注重在交易完成后对客户表示真诚的关切。一位在销售领域取得突出成就的女士就曾经这样总结自己的成功经验："对于我来说，销售的关键时刻以及我需要做的最重要的工作，是在客户向我购买了产品之后。”这位从事销售工作的女士拥有相当稳固的老客户资源，而且这些老客户还经常主动向她介绍一些新客户，所以她几乎不用花太多的时间去开发新客户。

对客户表示关切其实并不难，有时候只需要一句贴心的问候，有时候可以送上一些小礼物。做到这一点，对于销售人员来说并不是讲究技巧，而是保持一种关怀客户的态度和拥有一颗真诚待人的心以及一份愿意为客户服务的勤劳。

尽可能地为客户提供方便

要想使客户在交易完成后对你的产品保持尽可能长时间的青睐，那么销售人员首先应该尽可能地让客户感受到使用和享受产品的种种方便之处。最基本的工作如为客户安装产品、指导客户使用产品、介绍某些操作技巧等。

要想让客户对产品的体验更深刻、更愉快，当然不是仅仅做到以上基本工作就可以了。那些销售大师们费尽心机地为客户提供更优质的服务的目的就是与客户建立起高度的信任。如果客户满意这种额外的服务，如果销售人员提供的服务确实可以极大地方便客户，而其他竞争对手却做不到这些，那客户就会产生非常愉快的体验，从而主动成为销售人员的忠诚客户，而且还会给销售人员介绍更多的新客户。

千万不要小看售后服务，如果你主动为客户提供更多的方便，客户得到的好处越多，那么就会对你越满意。

要知道，在人与人之间，存在着一种无穷的力量，叫作“口碑”。在日常生活中，很多人都拥有这样的经验：告诉朋友哪一家美容院很有特色，哪一家饭店的饭菜好吃不贵，哪一家服装店正在做促销打折，哪一家咖啡厅的气氛很好，服务态度也令人满足，哪一家的产品质量一流，哪一家的售后做得最好……我们会在朋友需要的时候主动告诉他或是在他人有需要的时候提出意见来。当然，这并不是因为我们可以从中获取到利益，而是真的单纯地提供意见，单纯地想要帮忙，单纯地把我们自己的感受说出来。

如果我们的客户也可以这样为我们去宣传，那么我们的销售工作必将做得风生水起。因为口碑在人与人之间流传的时候是本着人类分享的天性，以一种无私、无利润的形式，所以当口碑在传递的时候不仅公平，而且速度极快，最重要的是这样的口碑会让我们在消费者的身上获得“信任”这两个字。

如果我们能够做到让客户满意，特别是在售后服务上，让客户能够开心地接受我们的产品，那么我们就为自己打造了一份“口碑”，这样的客户会到处替你宣传，帮助你招揽更多的客户。

售后服务做得好不好，不是我们自己觉得如何，而是客户觉得我们做得如何。很多的销售人员会用“我已经问心无愧了，我已经做得够多了”来安慰自己，给自己找台阶。然而，客户的心中最清楚的也是自己的感受。若想让客户满意，那就必须做到让客户点头才算是真正的满意。多数销售人员抓不住客户，其实最主要的症结就是销售人员没有站在让客户满意的角度思考问题。

客户满意度，是衡量我们产品是否被市场认同，能否很好地满足广大消费者的需求，从而赢得口碑并可持续经营发展的重要指标。那些给消费者带来满足感的商品或企业，往往能够在竞争激烈的同质化产品中脱颖而出，领先于其他企业。因为这样的企业或者商品，能够让客户放心，让客户满意，那么客户会真心想为它做宣传。

因此，销售人员在产品售出后，必须要做好售后服务，只有满足消费者真正需求的客户导向才是产品制胜的关键。责任是我们赢取客户信赖的根本，是创造社会价值的决心，更是一个销售人员必须具备的品质。事实上，以客为尊还能让销售人员拥有意想不到的影响力。因为客户一旦满意我们的产品与服务，不只为我们换来消费的忠诚感，还会通过口口相传的方式为我们招揽更多的新客户。这样的销售员怎么可能不成功呢？

不要忽视售后服务，当今这个时代就是一个讲求客户满意的时代，唯有在交流时倾听客户的心声，从客户满意的角度思考问题并解决问题，才是获得订单的制胜法宝。

永远别做一锤子买卖

很多销售员总是把向客户推销产品定位为“一锤子买卖”。即只要他们将商品推销给客户，那就算大功告成了。其实这是一种十分低级的销售行为，这样的销售人员总是从自身利益出发，从来没有考虑过客户购买商品后的使用情况，他们所谓的沟通是单向的，他们不需要客户反馈，甚至将客户的反馈当作麻烦。客户在他们眼里只是“一次性”的代名词。

对于想要在销售行业大展拳脚的人来说，销售是一个漫长的过程，我们应该着力和客户建立比较长远的关系，因为长远的关系对销售员的推销事业有利。因此，不要把成交看作是我们销售工作的结束，而是应该把它当作是下次销售活动的开始。在成交之后，销售人员还有很多工作要做。这些工作的核心目的是建立良好的与顾客的关系。这不仅影响某一顾客今后的购买行动，而且影响多个潜在顾客的多次购买行动。

有一个汽车销售员，当他在向客户推销了一辆汽车以后，每隔一段时间，他都会主动给客户打电话，询问客户汽车的使用情况，询问客户是否需要帮助等。

对这位客户来说，他非常乐意接到销售员这样的电话，对于这样关心自己的销售人员，哪个客户会不喜欢呢？所以，在接到电话后，客户会很友好地对汽车销售人员说：“哦，没有任何问题，一切都运转得非常好，谢谢你的关心。”然后客户就会很自豪地对他的邻居说起这件事情。因为他的邻居从别的地方购买了一辆车后，那个销售员就再也没有联系过他的那位邻居，这让那位邻居大为恼火。

因此，在客户的邻居准备换车时，也找到了这名汽车销售员，并成为这名销售员的忠实客户。而且，多数客户在购买汽车的同时，还向这名销售员购买了汽车零部件。在以后汽车的更新换代中也首先找这名销售员商量，要这名销售员给他推荐一款新车。短短五年的时间，这位销售员就拥有了一大批忠实客户，而且数量还在不断地增加。他已经不需要去主动拉新客户了，因为良好的售后服务让他的客户成了他的免费宣传员。

这种友好的关系，正是销售员在进行推销的过程中要注意建立和保持的。很多信奉推销就是“一锤子买卖”的销售人员根本就不重视和客户保持友好的关系，在客户购买商品后，更不会力所能及地跟进售后服务，比如在适当的时间给客户打个电话询问商品的使用情况。其结果是随着时间的推移，他发现自己的推销工作越来越难，因为已经没有客户愿意听他说话了。

对客户来说,那些只懂得做“一次性买卖”的销售人员也是他们所不喜爱的。没有哪个客户会喜欢那些在成交之前对自己唯唯诺诺，成交之后却不闻不问的销售人员。所以说，作为销售人员在销售的时候应该从长远的利益考虑，不要仅就商品而谈商品，也不要仅就成交而成交，而是应该着眼未来，从满足客户利益的角度来谈商品，这样才可能将对方变成自己的合作伙伴，而不是一次性交易者。

利用礼尚往来增进与客户的关系

你有没有遇到过这样的事情，当我们到水果摊买水果时，总有一些小摊贩会适时地剥一个橘子或者是切一片苹果让你尝一尝。当你尝了他的水果后，通常会买上一两斤。其实，这就是“礼尚往来”原则。它是人们的潜意识中最有影响力的一种原则，就是当别人对我们所做的事情使得我们也很想替对方做点事。这种心理状况，通常被称为“互惠原则”，即你对我好，我也要对你好。

同样，在销售中，我们也可以运用“礼尚往来”原则。当我们在和客户达成交易时，可以在适当的时机把一些有纪念性的小东西送给客户，这样就会让客户觉得你很重视他。这样，客户也会把一些你需要的他的体验全都告诉你，甚至他还会把你的竞争对手的一些信息告诉你。

销售人员与客户之间的礼尚往来是一种情感维系的手段，很多的企业都有着较为相似的模式。但要记住，送礼也要遵循一定的规则，要避免触及法律。在倡导廉洁风气的今天，那些价值过高的礼品随时都可能成为定时炸弹，而且难免会让人有收受贿赂之嫌，因此无论是送还是收，都应避免此类情况。而且，那些价值过高的礼品，必然会让客户感到烫手而为难，也超出了销售人员与客户之间日常关系维护的平衡点。与此同时，礼物最好要能够体现企业的品牌文化。如今，有很多的企业在逢年过节时，都会给客户送上一本专属的日历或者印有企业品牌的礼品。这样，既体现出了企业的文化，又能够让客户领情，岂不是两全其美的好事。

A 企业有一个礼品团购客户，是一家通信商贸公司。每个季度，这家公司都会从 A 企业采购不少礼品。经调查发现，这家公司购买竹纤维浴室四件套的主要目的是把它当作员工的一项福利。除此之外，客户还会向 A 企业的竞争对手 B 企业订购一些高档蚕丝毯发给公司的高层主管。购买普通竹纤维浴室四件套是由客户单位的采购人员自行决定的，他们对 A 企业的产品没有多大的忠诚度；而送给公司高层的蚕丝毯则必须经过领导审核。

A 企业觉得自己的品牌要比 B 企业的更有名，性价比也更高，如何才能把该通信公司拉到自己的手中呢？要知道，B 企业是客户的老供应商，如果直接向客户提出采购建议的话，可能会引起对方的反感。

为了争得 B 企业的份额，A 企业决定运用礼尚往来原则。他们主动向客户方提出采购，从该通信公司购买了一批小灵通、手机，用来赠送给本公司的资深员工以及主管，并表示以后每年都要采购，用来送给由普通员工升职为主管或被评为优秀员工的人。

结果，离这一笔业务结束还不到一周时间，A 企业的销售部就收到了客户的订货单。客户表示从今以后，所有的需求都只从 A 企业采购，并希望与 A 企业建立长期稳定的合作伙伴关系。如今，双方已经合作两年多了，在此期间，尽管双方都受到过其他厂家的游说，但彼此都未动摇过与对方合作的决心。

A 公司正是巧妙运用了“礼尚往来”原则，用产品互销的方式抓住了客户，从而让双方的合作达成了共识。可见，在适当的时候给客户送点“礼”，对我们的销售并无坏处。但需要记住的是，送礼也要送得有技巧，要把握好适宜的送礼时机，这是送礼艺术的关键。

以下是四点送礼的技巧，供大家参考。

礼物要别出心裁，能够讨巧

在给客户送礼时，我们可以选择一些固定的节日，比如中秋节。中秋节是人际交往时很重要的一个节日，在这时候给客户送礼，能与客户有一个面对面的接触机会，做进一步地沟通交流，是促进彼此关系的良机。而且，客户在节日里能够收到礼物，也会比较高兴，同时也能巩固、加强我们与客户之间的良好关系。

不过，中秋节的时候送月饼已经不再能引起客户的注意了，很多客户每年收到的月饼堆积如山，所以不妨考虑送点特殊的、别出心裁的礼物。比如，可以送精美的吃月饼用的刀叉，这样反而能给他们留下印象。如果客户是有车一族，那么也可以送给他们一些车上用品，如空气净化器、车上饰品等，实用且特别。

送礼时，语气尽量平和随意

拎着礼品拜访客户时，要注意说话的语气和分寸，尽量不要给对方带来压力，例如，我们可以随意地说："我逛街的时候刚好碰到领带促销，感觉很符合您的气质，就给您带了一条。""我一个朋友出国给我带了两瓶红酒，听说这个牌子在国外口碑不错，我就带了一瓶过来，让这位红酒高手来品品这酒怎么样？""我们公司最近针对老顾客推出了一项优惠活动，所有在我们店消费过两次以上的老顾客都将得到一份 ×× 面膜的试用装，正巧今天不忙，我就给您送过来了。"

销售人员越是把礼物说得"随意"，接收的人心理压力就越小。

送礼要选对时机

在给客户送礼时，如何送，怎么送，都是需要一定的技巧的，比如说，有些销售人员只在逢年过节的时候才给客户发一个问候短信或是送上一份小礼品，这其实没什么效果，因为逢年过节的时候，大家都在送礼，这时候我们送礼并不能凸显出什么。所以，过年过节的时候我们要送，平时我们也要送。

感情是维系客户关系的重要纽带，无论是日常的拜访，还是节日的问候，都会让客户深受感动，交易的结束并不意味着与客户联系的结束，作为销售人员，我们在售后也还须与客户保持联系，记得随时利用礼尚往来的原则增进关系，以确保客户的满意度持续下去，为下一次合作打好基础。

如何聊天才能让老客户主动为你介绍新客户

无论做哪个行业的销售工作，遇到客户转介绍的情况非常多，老客户带动新客户，是一个增信的过程，其成功率比我们说服一个新客户要高上不少。有时，一些销售人员会利用老客户为自己拓展新客源。

一件好的商品，只要不是一次性的快消品，基本都存在着售后服务的问题，服务的好坏决定了客户是否再次购买的意愿。作为销售人员，我们不应总是忙于去开发新的客户而忽略了老客户的维护。其实，如果我们能够做好售后服务，就会发现老客户所带给我们的新客户远远要多于我们自己去开发的客户。所以，当我们在开发新客户的时候，不妨先给自己提个醒，是否服务好了老客户，很多销售高手都是在维护好与老客户的关系后，才会想着再去开发新客户。

持续与老客户聊天，其实就是一个开发新客户的过程。如果我们在聊天中对老客户花心思，那么老客户同样也会对你上心，主动为你介绍新客户。

张涛是某电器厂的销售员。这天，他来到了市里的百货公司推销自己的录像机。这时，正逢一顾客在柜台前要求退换录像机。这台录像机并不是张涛所属电器厂的产品，而且已经过了保修期，商店也没有零件更换。为此，百货公司的营业员和顾客发生了争执。

张涛见此情况，二话没说，拿出自带的零件就为顾客修好了录像机，解决了这个矛盾。百货公司要给张涛修理费，张涛不肯要。他说：“为顾客服务是我们应该做的事。”

张涛的行为让百货公司的负责人看在眼里，记在心里。他感激地说：“有你这样职工的企业，我们信得过。”自此，百货公司成了该电器厂的忠实客户，而且百货公司的人逢人就讲该厂厂风好、信誉好，他还为张涛介绍推荐了好多顾客。

张涛明知顾客购买的不是本厂商品，而且自己与顾客没有任何关系，可是他知道百货公司（自己的直接顾客）遇到了难处，于是主动出来帮人解决问题，这使得百货公司的人也对他产生了好感。

如果你想要留住老顾客，那么你务必要做好售后服务工作，主动找对方聊天。为了给以后的推销工作奠定基础，为了在顾客心中树立起良好的企业形象，推销员应该尽可能地向顾客提供各种类型的售后服务，让顾客从购买你的产品中获得最多的好处。事实证明，向老客户推销要比向新顾客推销更容易、更经济、更实惠。

那么，我们怎么样才能为老客户做好售后服务呢？

开展送货服务

对那些笨重的或体积庞大的商品，我们应当给顾客提供方便，帮顾客送货到家。

实行“三包”服务

对顾客购买的在保修期内的商品进行免费维修；对顾客购买的无法正常使用的商品予以及时调换；对顾客多买、错买的商品予以及时退货。

提供安装服务

对于有些商品使用前需要在使用地点安装的，企业要派人提供上门服务，免费安装，当场试用，比如空调、厨房用品等。

搞好包装服务

产品的包装是销售服务中不可缺少的项目，对客户来说也是形象工程。我们要重视所售的产品包装，在包装上印上企业形象、名称、地址，这样更加有利于企业的宣传。

提供咨询服务

当客户购买商品后，如果遇到维修等急需解决的问题，那么我们要及时给予解决，以保证商品的使用效果，从而赢得顾客的信任。

即时答复

顾客购买了我们的产品以后，我们要对顾客的一切询问，无论大小，都要做到及时的回复。因为我们的推销，顾客才购买了我们公司的货物或服务，他们认可的不是我们的公司，而是我们。所以，当有事情发生时，他们出于对我们的信任，肯定会优先选择联系我们，而我们也不能辜负了客户对我们的信任。

及时通知，保持联络

当我们的产品在质量上有提高或者有新产品面世时，我们一定要及时通知客户，让客户明白市场的变化。这样做，既可以显示出你的关心，又可以避免竞争对手的乘虚而入。而且，在客户购买了我们的产品以后，我们要时常与客户保持联络，不能有所疏忽。

在"小"的方面下工夫

销售人员在为客户服务时，一定要在那些看似很"小"的方面下工夫。要知道，那些大成就往往都是从小的地方着手而成功的。

别"喜新厌旧"，与老客户常联络也能收获新订单

很多业务员都喜欢开发新客户，因为开发"新客户"，只要自己"忽悠"一下新客户，然后给新客户制作崭新的展台、提供卖场物料，就可以从新客户那里拿回货款，开单提货，销售业绩立即就有了，而且还可以在公司宣传自己"又开发了多少新客户"。殊不知，如果销售员只是一味地开发新客户，忽视老客户，其实是无形中给自己埋了一颗定时炸弹。

高大宝是一家服装公司的业务员，他在佳木斯有两个大客户，随着服装市场

的发展和竞争的加剧，高大宝发现这两个客户每月的订单越来越少，为了重新掌握佳木斯的销售市场，高大宝在跑市场时，又联系上一位服装大卖场的老板。高大宝和对方聊了很久，两人一拍即合，新客户决定从高大宝手里进货，但需要高大宝协助他建立一个全新的服装展台。

凭借多年混迹服装市场的经验，高大宝帮新客户设计了一个非常好的展台，新客户也不含糊，直接从高大宝那里进了三十万元的货。就这样，新展台很快就与当地的客户见面了，高端大气的展台吸引了不少消费者的视线，一时间，新客户的生意变得异常火爆。

拿着那笔30万货款的订单，高大宝笑开了花。可这事还没让他高兴两天就发生了一件出乎他意料的事情，两个老客户突然不从他这里进货了。通过与老客户的联系，高大宝得知原来是自己只顾着开发新客户而和他们断了联系，导致竞争对手的新展台搭建起来时，他们毫无防备。所以，这两位老客户决定停止进货，而是通过改卖高大宝公司的竞争对手的品牌的方式来表达他们的不满。

开发了一家新客户，却丢了两个老客户，即使高大宝的数学再不好，他也能算出自己这次亏大了。

上述失败的案例，在各行各业中比比皆是。高大宝开发新客户之所以会失败，其原因主要是在开发新客户时，他并没有提前和老客户进行有效沟通和协调，未能取得老客户的理解和支持，从而使得新客户的店铺开起来之后，抢了老客户的生意，因而出现了有了新客户，丢了老客户的情况，相当于是没有开发客户，还白白浪费了开发新客户所投入的大量人力、物力和财力。

在日常生活中，很多销售员都像高大宝一样，只顾着开发新客源，却忘记了对老客户的维护和巩固，导致最后丢掉市场。

因此，销售人员在开发新客户的时候一定要小心谨慎。要知道，开发新客户从来就不是一个简单的事情，它需要我们一系列系统的、流程化的程序来支撑和保障。开发新客户，必须做好两点。

第一点，要想开发新客户，那么前提必须是要能够和老客户有效沟通，争取得到老客户的理解和支持，并确保在新客户开发后，市场更加有序，新老客户能够和平共处，三方可以实现共赢，不能“有了新客户，就忘了老客户”，“捡了芝麻丢了西瓜”。

第二点，开发新客户后，一定要加强对新客户的维护和巩固，加强后续管理和服务工作。通过培训、终端形象布置、促销活动等各种方式，帮助客户提高经营水平和经营能力，将产品快速消化出去。

有一点我们必须要承认，开发新客户的成本要远高于老客户，开发新客户的每一个环节都需要大量的财力、物力和人力支持。而对原有老客户，让他们进行再次购买则更加方便。但是我们该怎样让老客户继续进行交易，让他们对自己的企业和产品保持足够的信心和好感呢？

留住老客户可使我们的竞争优势长久

号称“世界上最伟大的推销员”的乔·吉拉德在 15 年时间里以零售的方式销售了超过 13000 辆汽车，他所保持的世界汽车销售纪录，也就是连续 12 年平均每天销售 6 辆车，至今无人能破。很多人不知道的是，其实他 65% 的交易来自老客户的再度购买。吉拉德相信卖给客户的第一辆汽车只是长期合作关系的开端，如果单辆汽车的交易不能带来以后的多次生意的话，他认为自己是一个失败者。

乔·吉拉德成功的关键就是为已有客户提供足够的高质量服务，使他们一次一次地回来向他买汽车。可见，要想成为一名优秀的销售人员，我们必须要把留住老客户作为自己事业发展的头等大事。只有留住了老客户，才能使我们保持长久的竞争优势。

留住老客户，也能带来新订单

当然，我们也不能忽略了老客户的推销作用。因为一个有购买意向的消费者，在进行购买产品前肯定进行了大量的信息资料收集。这时候，他的亲友、同事或其他人亲身经历后的推荐往往比我们做出的介绍要更加为购买者所信任。据统计表明，1 个满意的客户会引发 8 笔潜在的生意，其中至少有 1 笔成交；1 个不满意的客户会影响 25 个人的购买意向。

因此，对销售员来说，决不能忽视老客户的作用，我们要真正拿出对待朋友的热情去对待老客户，闲暇时约客户出来聊聊天、喝喝茶，以一个朋友的身份去维系与客户之间的感情，相信我们可以收获更多。